김진아 지음

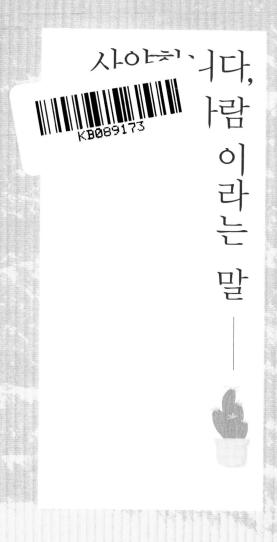

사양합니다,
사람이라는 말

한국경제신문*i*

착한 아이, 착한 딸, 착한 사람. 살면서 착하다는 이야기를 많이 들었다. 하지만 착한 나는 행복하지 않았다. 늘 주변의 기대치에 나를 맞춰야 했기 때문이었다. 착하다는 기준에 맞춰야 인정받고, 사랑받을 수 있다고 생각했다. 좋은 사람으로 살기 위해 노력했지만, 때때로 생기는 이해할 수 없는 힘든 일에 상처받았다.

사랑받고 싶다는 마음이 컸다. 그래서 다른 사람들에게 미움받지 않기 위해 애썼다. 다른 사람이 좋아할 행동을 하고, 내 상황보다 타인의 상황에 맞춰주었다. 그래야 내 마음이 편하다고 생각했다. 어쩌다 너무 힘이 들 때 내가 할 수 있는 것은 '내가 부족해서 그래. 내가 잘못해서 그래'라는 내 탓뿐이었다.

나는 오랫동안 좋은 사람이 되려다가 정작 나의 마음을 살피지 못했다. 왜 내가 힘든지, 어떻게 해야 하는지 알지 못했다. 항상 더 나은 내가 되어야 사랑받을 자격이 있다고 생각해왔다. 그러나 끝없이 노력했지만 돌아보면 뭐 하나 이룬 것도 없다는 사실이 나를 초라하게 만들었다.

책을 쓰면서 나를 돌아보았고, 어린 시절 나를 만났다. 그리고 내가 외면하고, 잊고 싶었던 과거들이 지금의 나를 만들었다는 사실을 알았다. 내 삶을 바꿔줄 사람은 거울 속 나였다. 초라해서 제대로 바라볼 수

사양합니다, 착한 사람이라는 말

조차 없던 거울 속 내게 응원을 보내며 내 마음을 바꿔나갔다. 내 인생에서 중요한 건 나 자신이라는 것을 깨달았다. 당연하게 여기던 일상 속 행복에도 감사하는 마음을 갖게 되었다. 내 삶의 주인공으로 살 때 좋은 사람이 될 수 있고, 행복한 법이다.

내 이야기를 블로그에 적기 시작했다. 과거, 내게 있었던 힘들었던 일이나 요즘 내가 감사하는 일에 대해 적었다. 내 이야기에 공감하는 사람들을 보며 과거 내가 그랬듯, 자신에게 좋은 사람이 되어주지 못하는 사람들에게 위로가 되고 싶다고 생각했다.

"내가 단 한 사람이라도 더 나은 삶을 살도록 도울 수 있다면 그것만으로도 내 인생이란 선물이 이유가 있음을 증명하기에 충분하다."

프란치스코(Francis) 교황님의 말처럼 누군가 내 이야기에 앞으로 나아갈 힘을 얻게 된다면 정말 감사하고 행복한 일이 될 것이다.

나의 이야기가 담긴 책이 세상에 나올 수 있게 도와주신 김태광 대표님과 권동희 대표님께 감사드립니다. 그리고 항상 나를 응원해주고 지원해주는 남편, 며느리에게 사랑을 주시는 시부모님께 감사드립니다. 내 어린 마음을 사랑으로 채워준 할머니와 아빠, 새로운 가족으로 만나 사랑으로 나를 길러준 엄마, 정말 감사합니다. 매일 사랑한다고 말해주는 우리 귀염둥이 세 딸들, 모두 고맙고 사랑합니다. 함께 응원해주는 꿈꾸는 블로거 여러분, 모두 감사하고 사랑합니다. 마지막으로 책이 나오기까지 애써주신 출판사 관계자 여러분께도 감사드립니다.

김진아

차
례

프롤로그_4

1장 평생 착한 척하면서 살 자신 있어?

평생 착한 척할 수 있을까? _13

착한 사람 프레임, 가끔은 숨이 차다 _19

사는 게 사는 게 아니다 _25

때론 나도 나쁜 사람이고 싶다 _31

눈치 보느라 자기 전 이불킥 해봤니? _37

내 몸이 보내오는 SOS 신호 읽기 _43

다른 사람의 평가에서 자유로워질 용기 _50

2장 잊지 마, 넌 이미 좋은 사람이야

완벽한 사람은 존재하지 않는다 _59

모두의 친구는 내가 아니다 _65

내가 단 것을 찾는 이유 _71

내 인생을 초라하게 만든 건 나 자신이다 _76

내가 변하지 않는 진짜 이유 _82

상처받은 과거의 나, 상처받은 내 아이 _88

내 마음이 달라지면 내 환경도 달라진다 _94

잊지 마, 넌 이미 좋은 사람이야 _100

3장 남에게만 좋은 사람은 그만하겠습니다

남에겐 관대한 잣대, 나에겐 가혹한 잣대? _109

좋은 사람이 되려 할수록 내 인생은 좋아질 수 없다 _115

내 마음 먼저, 마음에 영양 보충하기 _121

나만큼 열심히 사는 사람은 없다 _127

남에게만 좋은 사람은 그만하겠습니다 _133

마음에도 코칭이 필요해 _139
괜찮은 척, 만족한 척, 충분한 척은 이제 그만! _146

4장 타인과 친밀해지면서
사람으로부터 편안해지는 연습

다른 사람보다 나를 먼저 챙겨라 _155
오늘 잘해도 내일은 못할 수도 있어. 못해도 괜찮아 _160
내 감정에 이름표 붙여주고 유통기한 정해주기 _166
작게 시작하기, 성공 확률 100%의 일에 도전하기 _172
나하고 맞는 사람들과 잘 지내기 _178
다른 사람과의 관계에도 연습이 필요하다 _184
어려울 때 힘이 되는 사람이 있다면 충분하다 _190
때론 뻔뻔하게, 자동 겸손응답기 끄기 _196

5장 호구의 불행한 삶에서 벗어나 삶의 주인으로 살아라

삶을 바꿔줄 단 한 사람을 찾는다면 거울을 보라 _205

지금 이 순간, 오늘 하루 살기 _211

5초의 법칙 적용하기 _217

걱정도 습관이다. 나에게도 쿨해지기 _223

당신은 어제보다 더 나은 사람이다 _229

좋은 사람인 때가 많은 것만으로도 충분하다 _235

내 삶의 주인공은 바로 나! _241

1장

평생 착한 척하면서
살 자신 있어?

평생 착한 척할 수 있을까?

　나는 온라인으로 택배를 많이 시킨다. 한꺼번에 주문하다 보면 배송 예정 문자를 받고도 어떤 물건이 오는지 헷갈리기도 한다. 내 돈 주고 산 물건이지만 마치 선물을 받는 것 같다. 그 선물받는 기쁨에 택배를 시키기도 한다. 하루는 부피가 큰 택배 상자를 받았다. 큰 상자라 무거울 거라고 생각했는데, 상자는 의외로 가벼웠다. 부푼 마음으로 포장된 테이프를 떼고 상자를 열었다. 상자 안에는 겹겹이 싸인 물건이 있었다. 완충제를 하나 제거하니 또 다른 포장지에 싸여 있었다. 그렇게 3~4겹의 완충제를 제거했다. 그리고 그 안에는 작은 립밤 세 개가 플라스틱 박스에 포장된 채 들어 있었다. 과대포장이다. 이런 택배를 보면 '꼭 이렇게 꽁꽁 싸놔야 할까?'란 생각도 든다.

　과대포장은 과자도 예외가 아니다. 가끔 감자칩을 사 먹는데, 커다란 과자봉지엔 정작 과자가 반도 들어 있지 않다. 기대보다 적은 양의 과자를 보면 실망한다. 질소만 빵빵하게 들어 있다. 얼마 들어 있지 않은데 비싼 가격을 보면 '내가 낸 돈은 저 질소값이 아닐까?'란 물음도 든다. 큰 봉지만큼이나 실망도 큰 법이다.

사람도 과대포장이 있다면 그건 바로 나일 것 같다. 여러 겹 쌓인 포장을 풀면 보잘 것 없는 내가 나올 것이다. 그래서 별 볼 일 없는 내 모습을 사람들이 알면 실망할 것 같다. 끊임없이 좋은 사람이라는 이름으로 나를 숨긴다. 숨긴 내가 드러날까 걱정하며 산다. 나란 사람은 실속이 없는 것 같다.

나는 '착하다'는 말을 많이 듣는다. 부모님에게는 착한 딸이고, 일을 했을 때는 착한 선생님이었다. 한마디로 부탁하기 편한 사람이었다. 시댁 어른에겐 요즘에 보기 드문 착한 며느리다. 아직까진 잘 버텨왔지만, 나는 언제까지 이렇게 착한 사람이라는 이야기를 들을 수 있을까? 일년? 십 년? 기대 수명이 점점 늘어 평균 수명 100세를 기대하는 세상이니, 수십 년 동안 그런 소리를 들을 수 있을까?

저녁 식사를 하며 첫째 아이가 "엄마, 내 친구 할머니는 102세래. 엄마도 백 살 넘어서까지 살아. 천백 살까지 살아야 해"라고 말했다. 나는 아이를 보며 "엄마가 그렇게 오래 살았으면 좋겠어? 노력해볼게"라고 웃으며 대답했다. 하지만 내심 걱정스러웠다. 백 살이 된 내 모습은 상상되지 않았다. 내가 백 년을 산다면 남은 60년 동안 착하게 살 수 있을지 걱정되고 두렵다. 다른 사람의 말 한마디에 흔들리는 할머니 모습의 나라니.

나는 어릴 때 카를로 로렌치니(Carlo Lorenzini)의 명작 《피노키오》의 이야기를 많이 들었다. 피노키오는 제페토 할아버지가 만든 나무인형이다. 피노키오는 개구쟁이라 제페토 할아버지 말을 듣지 않았다. 어른의 말을 안 듣고 나쁜 행동을 했다. 그래서 여러 고생을 하게 된다. 피노키오가 거짓말을 하면 코가 길어지고, 진실을 말했을 때만 코가 줄어든다는 것은 아주 유명한 이야기다. 피노키오는 착한 행동을 하는 착한 아이가 되자 원하던 인간 아이가 되었다. 착한 아이가 되어야 비로소 보상을 받은 것이다. 어른 말을 잘 들으면 착한 아이, 듣지 않으면 나쁜 아이인 것이다. 착한 사람은 복을 받는다고 말하던 동화 속 이야기들은 내 인생의 교훈이 되었다. 동화 속 교훈처럼 착한 아이로 살아야겠다고 생각했다. 착한 아이는 버림받지 않고, 평생 행복할 것 같다는 생각을 갖게 된 것이다.

하지만 동화와는 달리 내가 살아온 현실은 그렇지 않았다. 현실은 동화가 아니란 사실을 깨달았다. 동화는 해피엔딩으로 끝나면 그다음 이야기가 없다. 그러나 인생은 그렇지 않다. 하루 이틀로 끝나는 것이 아니라 계속되기 때문이다. 언제까지 참아야 한다는 정해진 기간이 없다. 평생을 참고 참다가는 탈이 나기 십상이다.

날 때부터 천사처럼 착한 사람이 아니라면 더욱 그럴 것이다. 나는 날 때부터 착한 게 아니라 그저 착하다는 칭찬이 좋았던 아이였다. 사랑과 관심을 원하던 아이였다. 내가 착한 행동을 해야 예쁘다고 칭찬받고, 착한 사람이 되어야 사랑받았다.

그게 익숙해진 것인지 어른이 되어서도 착하다는 인정을 원했다. 착한 사람이라고 말해주면 안심이 된다. "저 사람, 착한 사람이야"란 평가를 받으면 '실패한 인생이 아니다', '잘 살고 있구나'라고 생각한다. 하지만 인정을 받지 않으면 '내가 잘 살고 있나?'란 불안감마저 생긴다. 착하지 않은 나는 아무런 쓸모도 없는 사람 같다.

하루는 멋진 꿈을 꿨다. 꿈속에서 나는 다른 사람으로 살고 있었다. 타인을 신경 쓰지 않고, 말하고 싶은 대로, 하고 싶은 대로 행동했다. 내가 먹고 싶으면 언제든 어디든지 먹으러 갔다. 옷을 살 때도 내게 어울리는 것보다 입고 싶은 옷을 골랐다. 꿈속의 나는 고민하지 않고 혼자서 모든 것을 결정하는 사람이었다. 불합리한 경우에는 싫은 티를 팍팍 내고 의견을 말했다. 속 시원한 사이다 발언을 하면 주변 사람들은 박수를 쳐줬다. 내가 원하는 대로 살다 보니 어느새 익숙한 소리가 들린다. 아침이 되어 알람이 울린 것이다. 내 멋대로 하던 꿈속의 나는 사라지고 현실의 나로 돌아올 시간이다.

현실로 돌아오면 익숙한 착한 가면을 쓴다. 그저 싫어도 괜찮은 척, 아파도 안 아픈 척, 억울해도 아무렇지 않은 척하면 된다. 익숙해지니 가면인지 원래 나인지 구별할 수 없다. 괜찮은 척하다 보니 참는 것도 단련이 된다. 손해를 보는 기분이 들 때도 있지만 '원래 사는 건 그렇구나' 다독거리게 된다.

어느새 참는 데 선수가 된다. 착한 사람들은 아마 참는 데 도사가 된 사람들일지도 모른다. 아니면 자신을 포기한 걸지도. 그런데, '나만 참으면 화목하고, 나만 참으면 다른 사람이 편하고, 나만 참으면 행복해질 거야' 하는 막연한 믿음은 동화처럼 보상받을 수 있을지 의문이었다. 내 삶은 "행복하게 살았습니다"로 끝날 수 있는 것일까?

나는 어렸을 때부터 소설을 좋아했다. 마흔이 된 지금까지도 소설은 내 위안이 되어 준다. '카카오페이지'나 '네이버 시리즈'의 소설 수십 개가 보관함에 담겨 있고, 하루 한 번 알람이 뜬다. 장르도 다양하다. 판타지, 로맨스 판타지, 무협 등 가지각색이다.

하지만 내용을 보면 비슷한 것 같다. 매회 사이다 발언을 하는 주인공이나 회귀로 새 인생을 사는 주인공. 그러고 보면 요즘 소설의 클리셰에는 '회귀'가 빠지지 않는다. 후회되는 그때 그 시절로 돌아가 하고 싶은 말, 하고 싶은 행동을 마음껏 하며 자신의 인생을 바꾼다. 심지어 그렇게 바꾼 인생은 후회로 끝나버린 전생과는 딴판이다. 행복하게 자신의 인생을 재설계하는 것이다.

최근 방영된 <시지프스>나 <어바웃타임> 같은 드라마나 영화의 소재로도 심심치 않게 등장한다. 그만큼 후회되는 일이 많은 건지, 현실을 바꾸고 싶은 건지, 착하게 살다가 후회로 삶을 끝낸 여주인공은 회귀로 삶을 바꿨다.

그러나 착하게 사는 내 미래는 다 살아보기 전엔 알 수가 없다. 여주인공처럼 후회와 희생으로 끝이 날지 동화처럼 행복하게 살지 누구도 알지 못한다. 많은 책이나 강연에서는 "한 번뿐인 인생을 후회하며 살면 안 된다"는 말이 대부분이다. 죽을 때 '얼마나 잘 살았는지'가 아니라 '후회하는 것'만 생각난다는 것이다. 내가 죽을 때 가장 후회되는 건 무엇일까? 아니 죽을 때까지는 길다. 내가 지금 고민하는 것은 무엇일까?

바로 '평생 착한 척하며 살 수 있을까?'다. 나는 착한 게 아니라 참는 것을 잘했을 뿐이라, 평생 착한 척하기 힘들기 때문이다. 인내에도 한계가 정해져 있다. 다른 사람들에게는 다시 없을 호인이지만, 가족에게는 상처만 주는 나쁜 사람인 드라마 속 등장인물은 남 일이 아닌 것이다.

동파에 수도가 터져 누수가 된 것을 보면 알 수 있다. 수도꼭지를 잠그지 않고 테이프로 감아봤자 어딘가에서는 물이 터져 나온다. 참는 것도 그렇다. 터지게 되는 상황에 가족이나 소중한 사람이 있을 수 있고, 아무도 없다면 당신 자신에게서 터져 나온다.

당신은 착한 사람인가? 아니면 착한 척하는 사람인가? 전자라면 괜찮겠지만, 후자라면 스스로를 괴롭히며 힘들어할 것이다. 어느 쪽이든 스스로에게 힘든 삶을 강요하고 참아내는 사람은 아니었으면 한다. 평생 스스로에게 착함을 강요한다면 삶은 고달파진다. "내가 왜 좋아?" 하는 물음에 "네가 착해서 좋아"란 대답을 들었다면 그 조건은 나를 옭아맨다.

착하지 않은 내 모습은 인정받지 못한다. 착한 모습만 내보이려고 불안에 떨며 자신을 억누른다. 그렇게 스스로를 괴롭히다가는 결국, '나'라는 존재는 의미 없는 것처럼 느껴진다. 온전히 나로서 살지 못해 힘들다. 나는 당신이 있는 그대로의 모습이 아니라 조건이 달린 사랑과 인정에 얽매여 불안에 떨지 않길 바란다.

착한 사람 프레임, 가끔은 숨이 차다

착한 사람에 대해 찾아보면 공감되는 글이 많다. 그중 하나가 전대진 저자의 《내가 얼마나 만만해 보였으면》이라는 책이다.

착한 사람이 나쁜 모습 한 번 보이면 "원래 저런 애야?"
나쁜 사람이 착한 모습 한 번 보이면 "저런 면도 있네?"
백 번 잘하고 한 번 더 잘하면 그건 당연한 거고,
백 번 잘하고 한 번 못하면 '여태까지 한 것 다 무효'
아, 이런 거지 같은 경우를 봤나.

이런 책들이 끊임없이 나오는 것을 보면 '세상은 착한 사람이 살기 힘들다'란 생각을 하게 된다. 착한 사람은 더 힘들다. 더 많은 요구를 받는다. 부탁하기 쉽기 때문이다. 한 번이 두 번 되고, 두 번이 세 번 된다.

어느새 해야 할 일은 많아진다. 부탁받은 일만큼 부담감은 늘어나고 일을 잘한 만큼 다음에 더 해줄 거란 기대가 커진다. 일과 부담감 속에 허우적대기 마련이다. 내가 하는 선한 행동은 어느새 당연한 것이 되기 때문이다. "호의가 계속되면 호구된다"란 우스갯소리가 슬프게 느껴지는 것은 이런 이유일 것이다. 착한 사람으로 사는 건 쉽지 않다. 끊임없는 인내가 필요하다.

직장에서 좋은 사람은 누굴까? 그건 바로 자기 일도 잘하고, 남의 일도 대신 알아서 하는 사람이다. 중요한 건 '남의 일도 대신 알아서 하는 것'이다. 자기의 일을 잘하는 건 당연한 일이기 때문이다. 내 일을 빠르게 마쳐도 좋아할 수 없다. 곧바로 다른 일이 생긴다.

일을 잘하는 사람의 일은 줄어들지 않는다. 곧바로 남의 일도 맡겨진다. 혼자만 분주하고 마음 졸여도 아무도 알아주지 않는다. 그렇다고 그 일이 힘들다고 말할 수도, 다른 사람이 맡긴 일을 소홀히 할 수도 없다.

내 주변만 봐도 그렇다. 주말근무를 나가는 지인의 남편은 주말에 나간 김에 다른 파트의 일을 종종 한다. 주말에 출근할 만큼 대부분 일이 많다. 일을 하러 주말에 굳이 나가는 거지만, 다른 사람에게는 '어차피 출근한 거니 나간 김에'가 된다. 그게 상사라면 그건 당연히 해야 하는 일이 된다. 한두 번 호의로 해준 일은 이제 당연히 해야 하는 일이 되었다. '어차피 하던 일'이기 때문이다.

과중한 업무를 처리하느라 점심시간도 없이 더 바쁘게 일하는 노력은 상관없는 일이 된다. 이젠 자기 일이 아니라 착한 사람 일이니까. 못한다고 말하면 책임감 없는 사람이 된다. 그동안 잘한 건 물거품이 되고 서운함만 남는 것이다. 직장에서 착한 사람은 영원한 '을'이다.

직장을 다니지 않는다면 이런 일은 없는 걸까? 남자는 결혼하면 불치병에 걸린다. 결혼한 사람만 걸린다는 그 병의 이름은 '효자병'이다. 결혼 전 마음껏 살던 사람이 결혼을 하면 갑자기 착해진다. 지금까지 잘못한 걸 보상이라도 하려는 것처럼 착한 효자가 되는 것이다.

결혼 전에 나는 어떤 사람을 소개받은 적이 있다. 누나가 셋인 집의 막내인 그분은 자신의 이야기를 했다. "매년 집에서 김치를 300포기나 담는다"는 대화였는데, 덧붙인 한마디가 "얼른 결혼해서 엄마 일을 덜어주고 싶다"였다!

그 말을 듣는 순간 '저 사람과 결혼하는 사람은 매년 김치를 300포기나 해야 하는구나'란 생각이 들었다. 부인이 아니라 새 일꾼을 찾는 것처럼 느껴진 건 내 착각이 아닐 것이다. 남자만 착해질까? 결혼한 여자라면 대부분 공감할 병이 있다. 그건 바로 '착한 며느리병'이다. 결혼한 여자만 걸리는 병이다. 사랑하는 사람과 결혼하면 여자는 시댁이 생긴다. 결혼 전 친구에게 호언장담했던 "효도는 셀프야. 각자 자기 집에나 잘해야지"라는 말은 어느새 생각도 안 난다. 내가 사랑하는 사람에게 잘해주고 싶은 마음은 남편의 부모님과도 사이좋게 지내고 싶은 마음으로 커진다.

먼저 결혼한 친구들의 "잘하지 말고, 도리만 지켜"란 인생조언도 흘려듣게 된다. 이왕이면 착한 며느리로 사랑받고 싶다. 그런 인정욕구는 착한 며느리가 되어야겠다는 사명감으로까지 발전한다.

<사랑과 전쟁>이라는 드라마에 나오는 시어머니의 대사가 생각난다. "우리 며느리는 정말 내 딸 같아요. 딸 같은 며느리예요." 딸 같은 며느리는 어떤 걸까? 드라마 속 딸의 이미지는 상냥하고 착하다. 세상 둘도

없는 효녀에 공감능력도 뛰어나다. 정말 이상적인 딸이다.

그러나 세상엔 다양한 딸이 있다. 무뚝뚝한 딸, 애교 많은 딸, 수다쟁이 딸, 과묵한 딸…. 그중 나는 표현이 적은 무뚝뚝한 딸이다. 모든 걸 혼자서 알아서 하는 딸이다. 오히려 아들인 남동생이 어렸을 때부터 가족을 더 잘 챙겼다. 나는 무늬만 딸이다. 그런데 아들만 둘인 우리 어머님의 딸 로망은 애교 많고 다정다감한 딸이다. 팔짱 끼고 쇼핑도 가고, 목욕탕도 가는 딸을 원하신 것 같다.

결혼 초 어머님 상상 속의 딸은 나를 힘들게 했다. 뭘 해줘도 표현을 잘 안 하고, 다정하지 않은 며느리가 서운하셨나 보다. 내가 남편이 없을 때 듣던 말은 "내가 너 같은 딸이 있으면 서운하겠다"였다. 처음 들었을 땐 너무 큰 상처라서 어디 가서 말도 못했다. 몇날 며칠을 끙끙 앓았다. 나 같은 딸은 뭔지 며칠을 고민했다. 고민 끝에 주변 지인에게 전화했다.

"언니는 어떤 딸이야? 부모님께 엄청 다정하고 애교도 많고 그래?"

"아니. 딸이 다 살갑나?"

다짜고짜 전화해서 이런 질문을 하는 나를 황당해 하면서도 지인은 대답을 해줬다. 그 후에도 같은 이야기를 들을 때면 다른 지인에게도 전화해서 물었다. 다행히도 엄청 다정하고, 애교도 많다는 대답을 하는 이가 한 명도 없었다. 그 사실이 불안에 떨던 나에게 얼마나 큰 위안이 되었는지 모른다. 사실 아직도 종종 비슷한 이야기를 듣지만 처음보단 덜 아프다. 결혼한 지 10년 차의 며느리 경력도 무시할 수 없나 보다.

결혼 후 남편은 살이 많이 쪘다. 특별히 더 먹인 건 없는 것 같은데 총각 때 모습은 온데간데없다. 건강에 대한 걱정이 많은 어머님은 남편에게 "살을 빼라"고 하셨고, 남편도 나름 노력을 했지만 살은 빠지지 않았다. 남편도 "살 빼라", "많이 먹지 마라", "계단 운동해라" 등 몇 년째 다이어트를 하란 이야기를 계속 들으니 짜증이 났나 보다.

하루는 어머님이 남편에게 "튀긴 음식 먹지 마라"고 하셨다. 남편은 튀긴 음식을 가장 좋아하는데, 그래도 건강을 생각해 신경 써서 덜 먹는다고 생각한다. 평소엔 잘 넘어갔지만 그날따라 남편은 짜증을 냈다. 그렇게 몇 번 같은 일이 생기다 보니 어머님은 남편에게 이야기하지 않는 대신 며느리인 나에게 이야기한다.

"네 남편, 살 빼야 한다. 네가 마음이 약하니까 그 아이가 살이 찐 거다"라고 하신다. 그럼 그 이야기를 들은 나는 하루 종일 마음이 불편하다. 말 한마디에 계속 신경 쓰는 내 모습을 본 남편은 "할 수 있는 것만 하고 나머지는 흘려들어"라고 조언했지만, 나도 그렇게 흘려들을 수 있다면 정말 좋겠다.

그게 나한테는 정말 어렵다. 착한 아이, 착한 딸로 살아온 세월만큼 나는 모든 말을 흘려들을 수 없다. 나는 "어른 말을 잘 들어야 한다", "어른께는 잘해야 한다"는 말을 듣고 자랐다. 옛말에 '어른 말을 잘 들으면 자다가도 떡이 생긴다'란 말도 있지 않은가. 나는 인정받고 사랑받기 위해 착한 아이로 살아왔다. 어른 말을 잘 듣는 착한 사람이 되어야 한다는 강박관념은 바꾸기가 쉽지 않았다.

착한 사람이라는 이미지 속에 갇히면 힘들지만, 그 틀을 벗어나면 또 큰일이 날 것 같다. 내 감정과 상관없이 다른 사람에게 해줄 수 있는 것에 대해서만 초점을 맞추니 다른 사람이 하는 모든 말에 의미를 부여하고 곱씹는다. 스트레스를 받는 스스로가 답답하지만 방법이 생각나지 않는다. 시키는 대로 하지 않으면 마음이 불편해진다.

그렇다고 하란 대로 하자니 그것도 쉽지 않다. 한 번 들은 말은 흘러나가지 않고 내 안에 차오르기 시작한다. 차곡차곡 쌓이다 보면 가끔은 숨이 막힌다. 이 말을 들으면 이것을 해야 하고, 저 말을 들으면 저것을 해야 한다. 이것도 하고 저것도 해야 할 것 같다. 해결되지 않는 일이 늘어나다 보니 점차 예민해진다.

'나는 착한 사람이어야 한다'라는 생각으로 스스로를 착한 사람 프레임에 가두고, 괴롭힌다. 물에 빠져 허우적거리는 사람처럼 '착함'이라는 바다에 빠진 조난자가 된 셈이다. 지금 현재 힘들다면 내가 만든 틀 속에 갇혀 있는 건 아닌지 한 번쯤 돌아보길 바란다.

사는 게 사는 게 아니다

　나에겐 사랑하는 할머니 한 분이 있다. 할머니는 가끔 옛날이야기를 해주시는데, 그 이야기 대부분이 할머니가 후회하는 일이나 마음에 상처로 남은 일이다. 할머니는 할아버지와 결혼한 게 국수 한 그릇 때문이라고 하셨다. 할머니의 부모님은 국수 한 그릇을 얻어먹고 딸을 그 집에 시집보낸다 약속하셨다. 어쩔 수 없이 한 결혼을 생각하며 할머니는 한숨을 쉬셨다.

　결혼해서도 편하지는 않았다. 가난한 집이라 먹을 것도 없고, 어린 시동생들도 있었다. 쌀은커녕 보리쌀 한 그릇도 제대로 먹을 수 없을 만큼 가난했다. 그리고 시집살이는 매서웠다. 할머니는 아버지를 임신한 몸으로 집안 살림을 돌보고, 어린 시동생을 키웠다. 가난한 살림 처지에 온 식구가 배불리 먹을 수 없었다. 식구들에게 한 그릇씩 퍼주고 나면 먹을 게 없었다. 할머니는 식구들이 먹는 것을 물끄러미 보다가 나오셨다고 한다. 그리고 부뚜막에서 물 한 사발로 배를 채웠다.

"시어머니가 밥 한 수저를 크게 떠서 한입 가득 넣던 모습이 얼마나 원망스럽고 야속했는지 몰라. 나는 밥이 없어 그릇조차 상 위에 놓지 못했는데, 한 입 먹어보라고 말이라도 해주지…."

할머니는 이렇게 이야기하시며 깊은 한숨을 쉬셨다.

할머니의 결혼생활은 배불리 먹을 수도, 원하는 대로 살 수도 없는 하루하루의 연속이었다. 하루는 할머니가 너무 굶어 배가 고파 친정으로 도망을 가셨다. 할머니를 본 진외조부께서는 화를 내셨다. 집 안으로는 들어오지도 못하게 빗자루로 때리며 "들어오지 말고, 죽어도 그 집 귀신이 되어라"고 말하셨다고 한다.

할머니는 하늘을 한 번 쳐다보곤 한숨을 내쉬셨다. 그리고 눈물이 고인 눈으로 가슴을 치며 "밥이라도 한 그릇 주고 쫓아내지…"라고 하셨다. 할머니가 울며 돌아간 그 길은 얼마나 길고, 허기진 발걸음은 또 얼마나 무거웠을지 생각하면 마음이 아프다.

그 후 내 아버지를 낳고도 형편은 나아지지 않았다. 먹을 게 없어 젖도 나오지 않았다는 할머니의 인생은 슬프기까지 했다. 겨우 구한 감자를 쪄서 아기였던 아버지에게 먹이시며 얼마나 우셨을까?

할머니는 그저 흐르는 대로 세상을 사셨다. 부모님의 말을 잘 들은 효녀였다. 강요된 삶이었지만 묵묵히 참으셨다. 시집가서는 시부모님을 봉양하는 착한 며느리였고, 가족을 위해서는 힘든 일도 묵묵하게 참은 엄마였다. 누구보다도 착하게 살았을 뿐인데 삶은 평탄하지 않았다.

할머니는 옛일을 떠올리면 후회가 많다고 하셨다. 원해서 선택한 결과가 아니라 세상이 강요한 삶이었기 때문이다. "그래도 어쩔 수 없이 살았지"라고 말하시던 할머니의 표정은 고단해보였고, "내가 사는 게 사는 게 아니다"라고 가슴을 치며 말하셨을 때, 어린 나는 무슨 뜻인지도 몰랐지만 나도 '사는 게 사는 게 아닐까 봐' 두려웠다. 내가 원하는 대로 살지 못하는 것은 아닐까 걱정되었다.

내 어린 시절은 행복했다. 사랑받는 아이였다. 매일 저녁이 되면 집 앞 계단에 앉아 아빠 옆에 자리를 잡았다. 아빠가 들려주는 통기타 소리를 듣고, 함께 노래를 불렀다. 그러다 엄마가 "저녁 먹자" 하고 부르면 신이 나서 뛰어갔다. 그러나 어느 순간부터 함께 부르던 노래도, 함께 먹던 저녁도 사라졌다.

가끔은 내가 아끼던 키보드가 부서져 있거나, 방 안에 있는 물건이 망가져 사라졌다. 나는 달라진 분위기를 느꼈지만, 아무 말도 하지 않았다. 그런 시기가 지나간 후 부모님은 이혼했다. 내가 열두 살일 때, 부모님이 나와 동생을 앉혀 놓고 했던 말은 아직도 잊히지 않는 큰 충격이다.

"엄마와 살래? 아빠와 살래?"

다시는 듣고 싶지 않은 말이다. 나는 지금도 아이들에게 "아빠가 좋아? 엄마가 좋아?"란 질문을 하지 않는다. 함께 사는 것이 얼마나 소중한지, 사랑하는 사람 중에서 하나를 선택하는 것이 얼마나 고통인지 알기 때문이다. 열세 살이 된 나와 아홉 살 동생은 할머니 집에 맡겨졌다. 엄마, 아빠 대신 할머니가 내 보호자가 되었다. 그 1년 동안 우리는 조건 없는 사랑을 받았고, 그 덕분에 나는 더 부정적인 사람이 되지는 않은 것 같다.

내가 중학교 1학년을 마칠 때쯤 새 가족을 만났다. 지금의 엄마였다. 아빠는 나와 동생을 방에 앉히고 "잘해야 한다"고 말씀하셨다. 그날 이

후 나는 사랑받기 위해서는 노력해야 한다는 생각을 갖고 살았다. '사랑받지 않으면 나는 이 가족에 낄 수 없겠구나' 하는 생각은 오래도록 내 무의식에 남았다.

　나는 항상 좋은 사람이어야 했다. 어쩌면 내게는 생존의 방식이었던 것 같다. 내가 친엄마와 연락한 것을 들켰을 때, 아빠는 내 앞에서 "함께 죽자. 저기 호수에 뛰어들어 다 같이 죽자"고 했다. 그 이후로는 더 착한 딸로 남기 위해 많은 가면을 썼다. 함께 죽고 싶은 딸이 아니라 자랑할 수 있는 딸이 되고 싶었다. 사랑받고 인정받고 싶은 마음은 가족을 넘어 다른 사람을 대하는 태도로도 이어졌다.
　모든 사람에게 좋은 사람으로 기억되기 위해 힘썼다. 나는 옳은 선택, 좋은 선택만 하고 싶었다. 내게 있어 선택의 실패는 그냥 실패가 아니라, 그 결과가 연상되는 일이었다. 다른 사람들이 나를 좋아해주지 않는 것, 미워하는 것이었기 때문이다.
　그런데 커가면서 선택은 점점 어려워졌다. 세상은 객관식이 아니었고, 선택하는 모든 것들은 주관식에 또 사람마다 다 답이 다른 문제지였다. 좋은 답만 선택하고 싶은 마음은 때때로 사람을 비겁하게 만들었다. 내가 좋은 사람이 되고 싶은 마음이 큰 나머지 다른 사람을 나쁜 사람으로 만드는 결과가 생겼다.

　내가 어린이집에서 근무할 때, 매년 2월이 되면 내년의 근무 여부와 맡고 싶은 반을 상담했다. 4년을 근무한 나도 상담을 시작했다. 원장님은 "내년에 지금 A선생님이 아니라 B선생님을 주임 선생님으로 하려는데, 어떻게 생각해요?"라고 물었다. 그동안은 경력이 많은 선생님이 주임을 맡았다. 내가 생각한 A선생님은 맡은 일을 잘하고 동료에게 인정받는 선생님이었다. A선생님과 B선생님 모두 나와 친한 선생님이었다.

주임 선생님이 결정되기까지 비밀유지를 당부받았다. 상담을 끝낸 순간부터 나는 마음이 불편했다. 이런 불편한 상황을 만든 원장님이 원망스러웠다. 고민하다가 B선생님에게 이야기했다.

"선생님, 원장님이 불편한 상황을 만들었는데, 선생님이 먼저 A선생님한테 말해줘요."

내 이야기를 들은 B선생님은 다른 선생님들에게 먼저 이야기하겠다고 했다. 며칠이 지났다. 불편한 마음에 나는 더 기다리지 않았다. 다른 선생님들에게 상담했던 일을 말했다. 그 후 B선생님은 선생님들 사이에서 힘들어했다. 내 탓이었다. 내 비겁함이 B선생님을 힘들게 한 것이다. 한참 뒤에 B선생님은 "솔직한 이야기를 하고 싶다"고 말했다. 그날 우리는 회식자리를 만들었고, 선생님들이 모두 모인 그 자리에서 B선생님은 이야기했다.

어느 순간 모두의 달라진 시선을 느꼈고, 어떻게 말해야 할지 몰랐다며 B선생님은 눈물을 흘렸다. 그 이야기를 들은 나는 얼굴이 빨개졌다. 생각해보니 나보다 어린 선생님이었다. 나는 내가 힘들지 않기 위해 다른 사람에게 책임을 전가한 것이다. 내가 한 비겁한 일이 부끄러웠다. B선생님을 볼 낯이 없었다.

그동안 함께한 추억을 떠올렸고, 나는 죄책감에 눈물이 났다. 우리들은 4년 동안 함께했던 기억들을 떠올렸다. 좋았던 일, 힘들었던 일, 서로 챙겨주던 일에 대해 말했다. 울고 웃으며 시간을 보냈고, 다시 잘 지내자고 이야기하며 헤어졌지만, 사이는 예전 같지 않았다. 결국 서먹서먹한 사이가 되었다.

모든 상황에서 좋은 사람이 되는 건 불가능하다. 나는 그것을 생각하지 못했다. B선생님에게 피해를 주려는 의도는 없었지만, 생각해보면 책임지고 싶지 않은 마음이 있었다. 미움받을 용기가 없던 나는 덜 자란 어른이었다.

내가 생각하는 '사는 게 사는 게 아니다'란 말은 내가 원하는 대로 살지 못한다는 것이다. 그런데 나는 내가 원하는 것을 오랜 시간 모르고 살아왔다. 원하는 것이 뭔지 모른다. '태어난 김에 산다'는 말처럼 나도 그렇게 살았다. 아니 '죽지 않았으니 살았다'는 말이 맞을 것 같다.

우리는 살아가면서 하고 싶은데 못 하고, 하고 싶지 않고 싫어도 해야 하는 경우에 맞닥뜨리게 된다. 좋은 사람으로 산다는 것은 이런 상황에 마주칠 일이 더 많다는 것이다. 그럴 때 내가 원하는 것을 모른다면, 원하는 것을 다른 사람에게 표현하지 않는다면, 나와 당신의 삶은 더 힘겨울 것이다. 우리 모두는 "사는 게 너무 행복해"란 말을 할 자격이 있는 특별한 사람이다. 당신의 마음 속 깊은 곳에선 더 나은 사람이 될 수 있다는 것을 알 수 있을 것이다. 원하는 대로 사는 것이 너무 즐겁고, 행복한 인생을 만들 수 있다는 것도.

때론 나도 나쁜 사람이고 싶다

내 얼굴에 '좋은 사람'이라는 글자가 새겨져 있는 걸까? 대학생 때 일이었다. 친구와 시내를 걷는 중에 화장품 샘플을 나눠준다는 사람을 만났다. 거절하지 못해 여자를 따라갔다. 도착한 곳엔 낡은 승합차가 서있었다. 잠깐 타서 설명만 들으면 된다는 말에 그 차를 탔다. 좁은 차 안에는 화장품 몇 개와 여러 사람이 있었다. 우리를 데려온 여자는 이 화장품을 쓰면 얼마나 좋은지에 대해 설명한 뒤 화장품을 꼭 써야 한다고 했다. 쇼호스트가 자주 쓰는 말처럼 하루에 음료 한 잔 값 2~3천 원만 아끼면 충분하다고 설명했다. 지금 화장품 가격을 생각해도 비싼 가격이었다. 거절하자 한 번 더 권하더니 다행히 보내줬다. 지금 생각하면 아찔한 경험이다. 납치 위험도 있었는데 무슨 마음으로 탔을까 싶다.

그 후로도 나의 '호갱력'은 늘어갔다. 대학교 졸업반 때는 아르바이트

권유를 받았다. 연락을 잘 안 하던 친구는 어느 날 전화를 해서 자기가 일하는 리조트가 좋다며 이런저런 에피소드를 이야기했다. "좋을 것 같다", "일하면 좋겠네"란 말을 했을 뿐인데, 어느새 나는 그곳에 아르바이트를 하러 가야 할 상황에 놓였다. 졸업반이다 보니 같은 학교 친구는 가지 말라고 나를 설득했다. 나도 취업이 급한 상황이란 생각이 들었다. 그래서 일을 소개한 친구에게 이야기했다. 하지만 이미 이야기해두었기 때문에 취소할 수 없고, 자기 입장이 곤란해진다고 말했다. 나를 설득하던 가족과 친구에게 한 달만 일하고 오겠다고 말한 뒤 버스에 올라탔다. 친구와의 약속을 지키기 위해서였다.

어쩔 수 없이 간 그곳에서 나는 놀랐다. 원래 일하려던 리조트가 아니라 반지하에 여러 사람이 북적이는 곳이었기 때문이다. 여러 사람이 북적이던 그곳은 너무 낯설고, 이상하기까지 했다. 어떤 곳인지 짐작이 가는가? 나는 좋은 말로는 네트워크 마케팅, 다른 말로는 다단계 권유를 받았던 것이다. 그러고는 찜질방 같은 반지하에서 강의를 듣게 되었다.

주변을 둘러보니 정말 많은 사람들이 있었다. 그들의 표정은 다양했다. 어리둥절한 사람, 화가 난 사람, 우는 사람, 포기한 듯 한숨만 내쉬는 사람 등. 다양한 표정의 사람들이 나처럼 한가득 짐을 들고 앉아 있었다. 그렇게 서울의 거여동 반지하에서 집에 간다는 말도 못한 채 정신없는 시간을 보냈고, 다시 사람들에 둘러싸여 사람이 북적이는 숙소로 들어갔다.

여러 사람에게 둘러싸인 곳에서 나는 부모님께 잘 도착했다는 전화를 했다. 밤새 두려움에 눈물이 났지만 밖으로 나갈 용기조차 나지 않았다. 거절조차 못한 나는 휩쓸리듯 다단계에 발을 들였다. 전화할 땐 누군가의 말을 듣고 앵무새처럼 따라하고, 부모님께 전화해서 돈을 빌려달라고 이야기해야 하는 상황은 나를 지치게 했다.

누군가 다단계가 세뇌에 가깝다 했던가? 정말 그럴지도 모른다. 이른 새벽에 숙소를 나와 저녁까지 비슷한 이야기를 듣다 보면 그게 당연한 일상처럼 느껴지게 된다. "일찍 일어나는 것은 남보다 열심히 살기 위해서고, 다단계라 말하지 못하는 것은 세상의 인식 탓이다", "암웨이도 허벌라이프도 다단계다", "정말 품질 좋은 물건을 소비자에게 다이렉트로 주는 시스템이다"란 이야기를 수도 없이 들었다.

그런 이야기는 나를 그곳 생활에 젖게 만들었다. 나는 항상 좋은 사람이고 싶었다. 시키면 전화하고, 또 강의를 듣는 하루를 보냈다. 어쩌다 집에 보내주기도 했지만, 고향집에 가서는 아무 이야기도 할 수 없었다. 착한 딸이 아니라는 게 힘들었다. 친구들에게도 거짓말을 해야 하는 상황이 괴로웠다. 그래서 친구들을 만나면 웃기만 하고 최대한 말을 하지 않았다. 집에 다녀오면 그동안 내가 했던 거짓말에 마음이 힘들었다. 부모님께 빌린 많은 돈 걱정에 어디 가서 말을 할 수도, 그렇다고 그만둘 수도 없는 상황이었다.

그러다 인생 최대의 실수를 했다. 친구를 잃은 것이다. 내가 데려온 친구는 고등학교 절친이었다. 고등학교 3학년 때 같은 반이었던 그 친구는 내게 잘해주었다. 함께 운동도 하고, 밥도 먹었다. 하루는 교실에서 엎드려 자고 있을 때 공부하자며 화장실로 나를 데리고 가 찬물로 머리를 헹구게 했던 일도 있었다. 지금 생각해도 정말 나를 생각해준 친구였다.

정말 소중했던 추억의 친구를 나는 다단계에 데려갔고, 친구는 내게 큰 배신감을 느꼈다. 어떻게 이럴 수 있냐며 나를 보던 그 눈빛이 17년이 지난 지금도 잊히지 않는다. 그곳에 함께 있던 사람들은 "나를 이해해주지 않는 사람은 친구가 아니다", "우리가 있지 않냐"고 했다. 하지만 그렇게 말했던 사람들은 지금 내 옆에 없다. 뻔히 알 수 있는 결과였지만 그때의 나는 생각하지 못했다. 나는 돌이킬 수 없는 실수를 했고, 만회하지 못했다. 그 후 그 친구는 나를 보는 것을 불편해했고, 멀리했다. 그리고 나는 그 친구를 지금까지도 볼 수 없게 되었다.

더 이상 이런 일이 생기지 않았다면 얼마나 좋았을까? 하지만 바닥 밑은 지하라고 했던가? 내 호갱력이 어디까지인지 시험하는 일은 다시 일어났다. 한때 나는 경기도에 있는 어린이집에서 좋은 선생님, 좋은 사람들과 일했다. 무언가 일이 있을 때 다른 선생님에게 부탁하는 일이 어렵지 않았고, 부탁받은 선생님은 일이 쌓였다. 하지만 다 비슷한 성향이라 다 같이 모여 그 일을 처리하곤 했다. 다들 남에게 좋은 사람이라 일은 많아졌지만 마음은 편했다.

지금 생각해도 그런 사람들을 만난 건 행운이었다. 물론 나와 성향이 비슷한 선생님만 있는 것은 아니었다. 막내 선생님은 자기 몫을 잘 챙겼다. 보통 신입으로 들어오면 경력이 있는 선생님의 의견을 듣는 게 일반적이다. 그런데 그 신입 선생님은 어린이집 행사가 생기면, 이렇게 하면 될 것 같다며 자기 의견을 말했다.

신입 선생님은 원장 선생님의 특별 배려로 조기 퇴근 후 피아노학원에 다니기도 했다. 굳이 어린이집에서 먼, 자기 집 근처에 있는 피아노학원에 가겠다면서 일찍 퇴근했다. 그렇게 한참을 다니다 어느 날엔 피아노학원이 아닌 친구와 약속을 잡는 모습을 들키기도 했다. 또 어느 날은 시력 교정을 위한 렌즈이식수술을 한다고 결근하기도 했다. 그때 나는 책임감이 없는 선생님이라고 생각했지만, 시간이 갈수록 '자기 밥그

룻을 잘 챙긴다'란 생각이 들었다. 가끔은 다른 사람 시선을 신경 쓰지 않는 그 모습이 부러웠다. 내게는 그저 그 선생님이어서 가능한 일이었을 뿐이라는 생각이 들었다.

그곳에서 4년 동안 일했고, 이직해야 하는 상황이 생겼다. 면접을 본 곳 중에는 나를 좋게 본 유치원도 있었다. 원장님에게 여러 번 전화가 왔고, 함께 일하자며 나를 설득했다. 하지만 이미 먼저 이야기한 곳이 있었다. 함께 일한 경험이 있는 수녀님이 계신 유치원에 근무 확정을 한 상태였다.

다시 타지로 이사를 해야 했다. 이사할 집을 알아보러 간 송탄은 너무 낯설었다. 송탄에는 미군부대가 있어서 마치 외국 같았다. 그리고 새로 간 직장도 적응하기가 힘들었다. 항상 나보다 경력이 있는 선생님이 있는 곳에서 일하다가 이번에 간 곳은 모두 어린 선생님들뿐이었다. 연고도 없는 곳에서 새로 적응하는 일은 괴로웠다. 밤마다 쫓기는 꿈을 꿨다. '다른 곳에서 일할 걸' 후회하는 날이 많아졌다.

하루는 누군가 문을 두드렸다. 목이 마르다며 물을 먹고 싶다는 것이었다. 우리 집을 찾은 사람들은 바로 '도를 아십니까'였다. 나를 보자마자 얼굴이 어둡다, 자신의 머리가 아픈 걸보니 집에 아픈 사람이 있는 것 같다고 대뜸 말했다. 내 얼굴엔 '나 거절 못하는 사람입니다'라고 적혀 있는 걸까? 내가 얼마나 만만해 보였으면 이런 일들이 생길까? 억울하기까지 했다. 듣다 보니 '정말 조상님이 울고 있나? 왜 나만 이러나?' 별의별 생각이 들었다. 어색한 웃음만 짓던 나는 결국 그들과 함께 버스에 올라 평택까지 휩쓸리듯이 갔다. 버스 밖 풍경을 한참 보면서 '나는 왜 이럴까?'란 생각이 머릿속을 맴돌았다. 어느새 도착한 허름한 건물에선 '내가 뭘 하고 있나'란 생각을 했지만, 시키는 대로 한복으로 갈아입었다. 그리고 절을 하고 돈을 냈다. 이런 호구가 다 있을까? 부끄러워진 나는 이 일을 아무에게도 말하지 않았다.

나는 너무 지쳤다. 좋은 사람이 되려 했지만 너무 힘들었다. 좋은 사람은 행복해질 수 없는 걸까? 나는 내 몫을 잘 챙기고 손해 보지 않는 사람이 되고 싶었다. 둘 다 만족시킬 수는 없는 걸까? 나쁜 사람이 되면 더 행복해지는 걸까? 그렇다면 이제 나도 가끔은 나쁜 사람이고 되고 싶다.

눈치 보느라 자기 전 이불킥 해봤니?

나는 중학교 2학년 때 대전으로 전학을 갔다. 시골 작은 학교에서 전학을 간 나는 첫날부터 아웃사이더였다. 전날 산 교복은 수선 중이었다. 사복 차림으로 간 학교에서 나는 외톨이였다. 반 친구들은 같은 초등학교를 다녔거나 혹은 1학년부터 다닌 아이들이었다.

전학 첫날 인사를 하고 적응하기 위해 애썼다. 낯선 동네, 새로운 집, 낯선 가족, 새로운 학교, 처음 보는 친구… 온통 새것투성이었다. 나는 새로운 환경 속에서 움츠러들었다. 자연스레 눈치를 보게 되었다. 다른 이들의 반응에 예민해졌다. 어울리기 위해서, 적응하기 위해선 거절이 어려웠다.

전학을 오고 얼마 지나지 않았을 때였다. 아빠는 내게 십만 원짜리 수표 한 장을 주셨다. 아빠가 점심값을 쓰지 않고 모은 돈으로 준 용돈이었다. 그때 나는 수표를 처음 보았다. 그리고 신기해 하며 노트 사이에 끼워 넣고 잊어버렸다.

다음 날 학교 일진 아이인 A가 내게 숙제를 빌려달라고 했다. 거절하기 어려웠던 나는 노트를 빌려주었다. 돈을 넣어둔 걸 까맣게 잊고 말이다. 그 후 돌려받은 노트에는 아무것도 없었다. 지금 생각하면 '현금이 아닌 수표니 수표번호로 신고하면 되겠다'고 생각하지만 그 당시 나는 현금과 수표의 차이도 몰랐다.

"혹시 여기 안에 돈 없었어?" 하고 물어봤지만, A는 옆 친구와 장난을 치며 "나는 못 봤는데" 하고 대답했다.

큰돈을 잃어버린 당혹스러움과 걱정에 부모님께 말하지도 못하고 속병이 생겼다. 만약에 내가 그 아이에게 잘 보이려고 하지 않았으면 어땠을까? 나는 노트를 안 빌려줬을까? 어른에게 이야기했다면 어땠을까?

선생님, 아빠, 친구들이 나를 어떻게 여길까 하는 생각은 결국 아무런 행동도 할 수 없게 했다. 그리고 나는 돈을 찾지 못했다.

그 후에도 비슷한 일이 있었다. 나는 책을 좋아하는데, 그중 만화책을 좋아한다. 답답한 현실에서 벗어나고 싶은 생각에 책 속으로 도피하는 셈이다. 한번은 '은하책방'이라는 곳에서 책을 빌렸다. 집에 가는 길에 반납하기 위해 학교로 종종 가져갔다. 내 가방 안을 본 B가 책을 빌려달라고 했다. 일진 아이와 어울리는 아이였다. B는 결국 책을 가져가서 봤고, 수업시간 전 교실로 들어온 선생님은 만화책을 뺏어 갔다. 선생님은 누구 책이냐고 물었고, B는 내 이름을 말했다. 눈앞에서 만화책을 찢기고 압수당했다. 나는 B에게 어떻게 할 거냐고 물었다. 배상해달라는 이야기에 B는 자기가 책을 구해주겠다고 말했다. 나는 책방 사장님에게 사정을 말하고 책으로 배상하겠다고 말했다. 책방 사장님은 "기간이 늦어지면 연체료를 받겠다"고 했다. 그 후 B가 책을 구해주기를 기다렸다.

하루, 이틀, 일주일이 가도 감감무소식이었다. 여러 번 묻고 2주가 넘어서야 "내가 알아봤는데 못 구했어"란 말을 했다. 그러면서 책값을 주었다. 나는 B에게 늦은 동안 연체료가 생겼다고 말했다. 그러자 B는 "네가 빌린 거니까 그건 네가 내"라고 말했다. B에게 "네 잘못이잖아"라고 불평하고 싶었다. 하지만 아무 말도 할 수 없었다. '가져온 내 탓이지. 빌려준 내 탓이지' 하며 스스로를 탓했다. 집으로 돌아오는 길에 책방에 갔고, 책값의 8배가 넘는 연체료를 냈다. 책방 사장님은 책이 없어서 얼마가 손해가 컸는지 아냐며 화를 냈다. 나는 B에게도, 책방 사장님에게도 항변하지 못했다.

그저 갑갑한 나를 탓했다. 'B도 사정이 있었겠지'라고 애써 마음을 달랬다. 어느 누구도 원망할 수 없는, 갈 곳 없는 화는 나를 향했다. '나는 왜 하고 싶은 말도 못하는 거야. 왜 이렇게 멍청하게 행동하지?' 자책감은 나를 괴롭혔다.

나는 전학 간 학교에서 평범하게 지내고 싶었다. 학교에서 문제가 생기면 착한 딸이 될 수 없었다. 그런 생각에 불합리한 상황이 생겨도 참았다. 나는 언제나 약자였다. 누가 나를 '을'이라고 말한 건 아니다. 다른 사람의 눈치를 봤기 때문에 스스로 '을'이 된 것이다. 하루하루 버티는 기분이었다.

중학교 2학년 때 결석한 적이 있다. 자포자기의 심정으로 부모님께 괴롭히는 친구가 있어 가고 싶지 않다고 말했다. 학교는 결석했지만 다음 날 나는 후회했다. 부모님의 전화를 받은 선생님은 괴롭히는 아이가 누구냐며 교실에서 확인했기 때문이다. 반 아이들은 아무 말 하지 않았다. 그리고 결석한 아이는 나 혼자였다. 결석한 다음 날 내가 등교했을 때 교실은 살얼음판 같았다. 아이들은 고개를 푹 숙이고 있었다. 내가 등교하자마자 당사자들은 "너냐? 네가 학교에 전화했냐?"라며 확인했다.

하루가 어떻게 지났는지 기억이 안 난다. 그저 친한 친구 옆에서 울었던 것 같다. 학교는 내 세상의 전부였다. 집에서 학교로, 다시 집으로 다람쥐 쳇바퀴처럼 반복되는 세상이었다. 하지만 그 일 이후로 학교는 작은 사회란 걸 깨달았다. 선생님은 귀찮은 일이 싫어서, 아이들 각자 스스로 해결하기를 원했던 것이다.

'내가 왜 그런 말을 했을까…' 하고 후회되었다. 그 후 눈 가리고 아웅하는 식의 조치가 이루어졌다. 우리 반 일진의 이름을 적어 내라거나 학교생활을 잘하고 있는지 같은 형식적 상담이 이루어졌다. 하지만 형식적인 조치에도 괴롭힘은 줄어들어 안심이 되었다. '그래도 해결이 되었네'란 마음과 함께 눈치를 보는 시간이 지나갔다. 그렇게 불편한 2학년을 지났다.

3학년이 되고 그 아이들과 다른 반이 되었다. 살 것 같았다. 그리고 곧 지망하는 고등학교를 써내야 하는 시기가 다가왔다. 나는 집에서 먼 학교만 지망했다. 집 근처 학교는 그 아이들이 1지망으로 적겠다는 말을 들었기 때문이다. 낯선 곳에서 새로 시작하고 싶었다. 그리고 집에서 가장 먼 고등학교에 간 뒤에야 나는 새롭게 시작했다. 그때의 나는 빨리 어른이 되고 싶었다. 아니면 어른이 되기 전에 빨리 죽든가. 티 낼 수 없는 호된 사춘기를 홀로 겪고 난 뒤에야 난 어른이 되었다.

어른이 되고 사회생활을 시작했다. 지금은 코로나바이러스로 전 세

내 몸이 보내오는 SOS 신호 읽기

언제부터인가 뉴스에서는 사건과 사고 소식만 들린다. 행복한 소식, 즐거운 소식, 감동적인 뉴스는 거의 없다. 사건·사고 같은 우울한 뉴스만 연이어 나온다. 하루에도 수십 번씩 코로나 확진자가 얼마나 증가했는지, 코로나로 인한 피해로 얼마나 힘든 하루를 보내는지에 대해서만 초점이 맞춰져 있다. 뉴스를 보고 있으면 희망이란 없는 세상 같다. 보기만 해도 마음이 지친다. 뉴스를 보는 날이 점점 줄어들고 있다.

어느 날부터 대한민국을 대표하는 말로 '헬조선'이라는 말이 등장했다. '헬조선'이란 말은 지옥을 뜻하는 'Hell'과 한국을 뜻하는 '조선'이 합쳐진 말이다. 이 말이 국어사전에도 등재된 걸 보면 많은 생각을 하게 한다. 우리나라는 행복한 사람보다 불행한 사람이 더 많다는 뜻 같다. 부정적인 뉴스의 영향인지 경제협력개발기구(OECD) 국가 중 한국은 자살률 1위, 우울한 나라 1위다. 하루가 멀다 하고 누군가의 자살 소식이 들려온다.

　그중 하나가 올해 4주기를 맞은 고(故) 박선욱 간호사의 이야기다. 병원 내 괴롭힘인 '태움'이라는 말을 사람들에게 알려준 사건이었다. '태움'이란 영혼이 재가 될 때까지 태운다는 간호사들의 괴롭힘을 말한다. 그 괴롭힘의 고통이 얼마나 크면 영혼까지 재로 만드는 걸까? 관행이라는 말 속에 얼마나 많은 피해자가 힘들어했을까? 언젠가 좋아질 수 있다고 믿으면서 견디다 모든 것을 포기했던 그 마음을 생각하면 안타깝다.

　'참을 인(忍) 자 셋이면 살인도 면한다', '참는 자에게 복이 있다'라는 옛말이 있다. 인내의 중요성을 강조하는 속담이다. 하지만 안타깝게도 오늘날에는 맞지 않게 느껴진다. 이 속담들은 변해야 할 것 같다. '참을 인(忍) 자 셋이면 화병 난다', '참는 자는 호구다'로 말이다. 많은 영상에 선 고구마 인생을 사이다 인생으로 바꿔주는 소재가 인기다. 가만히 듣고 있으면 속이 뻥 뚫리는 기분이다.

　그리고 그건 초등학생도 마찬가지인가 보다. 초등학생들이 보는 인기 유튜브 영상에서조차 빠지지 않는다. 초등학생에게 인기 많은 유튜버 민쩌미의 '찜그레'가 대표적이다. 과거에 있었던 후회되는 사연을 보내주면 과거의 사건을 재연해준다. 그리고 그 재연 속에서 사연자가 못했던 말을 거침없이 한다. 유튜버의 모습에 자신을 투영시킨다. 자신의 답답함을 풀어주길 원하는 것이다. 이런 아이들조차도 답답한 마음에서 벗어나고자 노력하는 것이다. 한바탕 웃고 나면 입 안이 씁쓸하다. 아이도 노력하는데 어른인 나는 어떻게 살고 있는지 돌아보게 된다.

요즘 한의원에서는 화병치료도 가능하다는 광고가 많은데, 생각보다 참고 있는 사람이 많은 것 같다. 착한 사람의 대표적인 특징은 화를 아주 잘 참는다는 것이다. 인내의 끝판왕이다. 뜻대로 되지 않는 상황에서 나 자신을 억누른다. 내가 얼마나 아픈 상태인지조차 알지 못한다. '내가 한 번 참고 말지' 혹은 '좋은 게 좋은 거야'란 생각으로 참는다.

　쌓인 분노는 어디로 가는 걸까? 화가 어디론가 사라지는 건 아니다. 남에게 표현되지 않는 화는 내 가슴에 쌓인다. 그리고 착한 사람들은 참지 못하는 상황에서도 다르게 반응한다. '왜 나는 이것도 못 참지?'라며 더 참지 못하는 나를 탓한다. 화의 방향이 바뀌어 나를 향한 분노가 된다. 방향을 잃은 화는 갈수록 커진다. 내 몸과 마음을 병들게 한다. 그래도 해소되지 않는다면 결국은 자신을 태울 만큼 커진다. 남을 태우면 죄를 짓는 것이고, 나를 태우면 나라는 사람을 잃게 되는 것이다.

　나는 착한 사람은 아니다. 착한 사람으로 살기 위해 노력하니 착한 사람처럼 보인다. 착한 사람처럼 화를 잘 참게 된 것이다. 그런데 나는 항상 착하진 않다. 참고 참다가 쌓인 마음이 터진다. 그러면 주변 사람들은 "갑자기 왜 저래?"란 반응이다. 그 반응을 보면 곧바로 후회가 몰려든다. 주변 사람의 당황한 얼굴을 보면 후회는 더 커진다. '더 참을 걸, 더 참았어야 하는데' 하는 마음이다. 나는 내가 먹은 나이만큼 가득한 '할 걸'의 후회 속에서 살았다. 이렇게 말할 걸, 저렇게 해볼 걸, 이렇게 하지 말 걸 등등 후회의 목록들은 늘어났다. 매번 신기록을 세웠다. 수많은 '할 걸'들은 마음에 쌓이고, 결국 마음이 아픈 것이다. 인체는 신비하다. 갈 곳 없는 마음이 쌓이다 넘치면 몸의 병으로 나타난다. 몸까지 아프게 되는 것이다.

　다단계에 있을 때 이유 없는 안구건조증과 두통, 무릎통증이 있었다.

안과, 한의원, 정형외과를 돌아다녀도 나아지지 않았다. 어느 날에는 갑자기 왼손에 마비 증상이 나타났다. 손이 뻣뻣해지고 마음대로 움직이지 않았다. 신경외과에 다녀왔는데 아무런 이상이 없다는 진단을 받았다.

나는 고민하다가 스트레스 클리닉에 갔다. 몸에 이상은 없지만 마음이 편하지 않아서 그렇다는 진단을 받았다. 일시적일 수도 있고, 오래 지속될 수도 있다고 했다. 항우울제를 처방받았다. 사람들은 의지로 해결할 수 있다고 말했다. 하지만 약을 먹어도 나름의 노력을 해도 나아지지 않았다. 그 증상이 사라진 것은 다단계에서 나오고 나서였다. 마음이 불편한 상황에 너무 오래 노출되어 있어서 몸에 탈이 난 것이다.

이런 일도 있었다. 어린이집에서 일할 때 마른기침이 난 적이 있다. 나는 감기에 걸린 줄 알았다. 내가 맡은 반에 감기에 걸린 아이들이 많았기 때문이다. 그래서 약국에서 종합감기약을 사 먹었다. 2~3일을 먹어도 기침 증상은 사라지지 않았다. 나는 다시 병원에 갔다. 이비인후과에 갔더니 기침이 덜 나오는 약을 처방해줬다. 기침이 심해졌기 때문이었다. 3일 치 약을 먹고 난 후에도 증상은 좋아지지 않았다. 오히려 가슴이 답답해지고 목이 아파 목소리가 나오지 않는 증상이 추가되었다.

한참 병원에 다녔다. 먹을 수 있는 양약을 다 먹은 후에 마지막으로 한의원을 찾았다. 한의사는 내 증상을 역류성 식도염이라고 진단했다. 내 잘못된 습관을 말해줬고, 습관을 교정하고 한 달 동안 한약을 먹은 후에야 기침 증상이 사라졌다. 기침이라는 결과만 가지고 약을 먹을 땐 효과가 없었는데, 역류성 식도염이란 원인을 알고 나서야 제대로 된 치료가 이루어진 것이다. 역류성 식도염은 늦은 저녁식사 때문이었다. 당시 나는 퇴근이 늦어 8시가 넘어서야 식사를 했고, 온종일 받은 스트레스를 매운 음식을 먹으며 풀었다. 힘든 마음이 폭식과 야식을 부른 것이다.

나는 스트레스를 줄이기 위해 다양한 노력을 했다. 나와 맞는 사람들과 수다를 떨며 웃음으로 털어냈다. 노래방에서 소리를 지르며 내 목소리도 냈다. 가끔은 인형을 보며 상대라고 생각하고 따지는 연습도 했다. 그런 작은 일들을 통해서 나는 더 나아졌다. 스트레스가 줄어들었다. 마음의 원인을 제거하자 몸의 증상이 사라졌다.

독서를 좋아하시는 시아버님은 가지고 있는 책을 자주 가져오신다. 그중엔 나카타니 아키히로(中谷彰宏)의 《마음이 예뻐지는 내 영혼의 비타민》이 있었다. 내가 대학을 다닐 무렵 유행했던 오래된 책이다. 그때 이후로 오랜만에 다시 읽어본 책은 대학생 때 느낌과는 많이 달랐다. 그만큼 내가 나이를 먹은 것인가 싶다. 짧은 이야기 중에 기억에 남는 말이 있다.

"참기 때문에 변비에 걸리는 것입니다. 마음에 똥을 쌓아 두면 마음의 변비에 걸리게 됩니다."

예전에는 공감하지 못하고 휙휙 넘기며 읽었다. 마음에 남는 글귀도 없었고 '살면서 참기만 하겠어?'란 의문이 있었다. 40대가 되어 읽는 책은 다르게 느껴졌다. 우리는 똥이라고 하면 지저분하다고 먼저 생각한다. 어릴 땐 아무렇지 않다가 어른이 되면 대놓고 말하기가 꺼려진다. 같은 여자끼리라도 "나 변비야"라고 말하는 일은 피하게 된다.

내 경우는 집이 아닌 곳에서 화장실을 사용하는 것이 꺼려진다. 어쩌다 집 밖 화장실을 가면 마음이 너무 불편하다. 생활하는 것도 비슷했다. 어렸을 적부터 나는 유독 모르는 사람이나 친하지 않은 사람과 밥을 함께 먹지 않았다. 모르는 사람과 어울리는 상황이 불편했다. 상대가 나를 어떻게 볼지, 나를 어떻게 생각할지 생각하다 보면 음식이 쉬이 넘어가지 않았다. 먹으면 바로 체했다. 그렇게 몇 번 고생한 뒤에는 친하지 않은 사람과 밥 먹는 일은 최대한 피했다. 내 몸은 불편한 상황에서 즉각적 반응을 보인 것이다.

좋은 사람으로 살려고 말하고 싶은 것을 참고, 하고 싶은 것을 참으며 자꾸 마음에 쌓아둔다. 그러다가 마음의 변비가 생기는 것이다. 내 몸은 다양한 신호를 보낸다. 배가 고플 땐 꼬르륵 소리를, 장에 문제가 생기면 배가 아프다는 신호를 준다. 더울 땐 땀이 나고, 추울 땐 몸이 으슬으슬 떨린다. 몸이 주는 많은 신호가 있지만, 사실 우리가 아는 신호만을 인식한다. 신호의 결과로 몸이 힘들다는 것만 안다.

마음이 힘들다는 것은 내가 배운 신호가 아니기에 알기가 쉽지 않다. 누가 알려주지도 않는다. 마음은 보이지 않고, 그래서 건강한 상태인지 아픈 상태인지 모른다. 판단이 어렵다. 운 좋게 마음이 아픈 상태라는 것을 알아챈다고 해도 괜찮을 거라고 축소해서 생각한다. 이렇듯 마음의 병을 인정하는 것은 어렵다.

대부분의 사람들은 마음이 아픈 것은 '스스로 극복해야 한다'고 여기기 때문이다. 힘들다는 것을 드러내도 사람들은 "의지로 해결할 수 있어!" 하고 쉽게 말한다. 마음의 병을 가진 사람은 아픈 사람이 아니라 이상한 사람으로 취급받는다.

내 몸이 아픈 증상을 보이는 것은 마음이 아픈 나를 치료할 기회를 주는 셈이다. 우리는 마음의 신호와 몸의 신호를 읽어야 한다. 내 몸의 증상은 불편한 마음의 처음, 시작에 있다. 아이를 돌보듯 내 몸이 보내오는 신호를 읽고 돌봐야 한다. 내가 나에게 보내는 SOS 신호이기 때문이다. 당장 나를 구해주지 않는다면 큰일날 수 있다는 위험 신호다. 그 신호를 제때 읽어주지 않는다면 발견했을 때도 치료 기간은 더욱 길어진다. 지금 내 몸이 보내오는 신호를 읽어보자.

다른 사람의 평가에서 자유로워질 용기

"우리 아이들은 정말 자유로운 영혼이야."

나는 아이들을 보며 이렇게 말할 때가 있다. 자유롭게 살기를 바란 마음도 있지만, 정말 그렇게 느끼기 때문이다. 아이는 하고 싶은 말을 거침없이 한다. 그리고 행동도 거리낌이 없다. 아이에게 모든 것은 도전이고 배우는 과정이다. 아이를 키우는 것 또한 엄마가 자라는 과정이다. 그런데 이런 자유로운 아이를 키우다 보면 난감한 일이 한두 번이 아니다. 그야말로 어디로 튈지 모르는 럭비공 같다.

한번은 이런 적이 있다. 첫째 딸에게는 친한 친구가 있는데, 하루는 친구 엄마와 함께 하교할 때 폭탄발언을 했다.

"이모, 이모는 왜 이렇게 뚱뚱해요?"

이렇게 질문하는 아이의 표정에는 궁금함이 가득했다. 나는 그 말을 듣자마자 식은땀이 흐르고 당황하기 시작했다. 아이에게 그런 이야기를 하면 안 된다고 야단쳐야 할지, 상대방에게 미안하다고 해야 할지 난감했다. 학교에서 집까지 걸어오는 짧은 시간 동안 오만 가지 생각에 머리가 복잡했다. 생각이 정리되지 않았다.

상대 엄마는 아무렇지 않게 반응해줬다. 정말 다행이었다. 내가 아이에게 이야기했다면 아마 아이가 상처받았을 것이다. "아이를 어떻게 키웠길래. 저 사람은 왜 그래?"란 비난을 받을까 걱정했다. 만약에 상대방이 당황했다면 나는 더 어쩔 줄 몰랐을 것이다. 집에 와서도 그날 있었던 일을 회상하다 난처한 질문을 한 아이를 원망했을지 모른다. 난처한 질문에도 아무렇지 않게 대해 준 아이 엄마가 얼마나 감사한지 모른다. 그 덕분에 후회가 아닌 하나의 추억으로 남게 되었다.

또 다른 일도 있다. 아이가 태어나고 첫 손주를 보러 어머님이 자주 우리 집에 오셨다. 하루는 할머니에게 안긴 아이가 "할머니 냄새나. 입 냄새나"라며 피했다. 당황한 어머님은 화장실로 가셨다. 갑작스러운 상황이었다. 나는 깜짝 놀라며 아이에게 그런 말을 하면 안 된다고 말했다. 아이는 날 보며 "왜? 왜 안 돼?"라고 물었다. 아이는 냄새가 나니까 난다고 한 거라며 자기는 아무 잘못도 없다고 했다. 아이에게 예의에 대해 설명해주며 진땀을 뺐다. 아이는 알겠다고 했지만 나는 그 사건 이후 아이가 어떤 말을 또 할지 조마조마했다. 아이가 그런 말을 할 때마다 '나도 그랬던가?' 생각한다. 나 때는 안 그런 것 같은데, 사실 기억에 없다. 어쩔 수 없는 '꼰대 엄마'가 된다. 옛날 사람도 '요즘 애들은 왜 그래?'란 말을 기록으로 남겼다는 우스갯소리가 떠오른다.

우리는 살면서 "튀게 행동하지 마", "싸우지 말고 사이좋게 지내", "평범하게 살아" 같은 말들을 자주 듣는다. 이런 말들을 잘 살펴보면 알 수 있는 사실이 있다. 기준이 되는 것이 다른 사람이라는 것이다. 다른 사람보다 튀지 않게, 다른 사람의 의견을 존중하며, 다른 사람처럼 지내란 말이 속뜻인 것이다. 알게 모르게 우리가 듣는 말, 우리가 하는 말 속에는 다른 사람의 평가가 우선에 놓여 있다.

중학교 1학년 때는 이런 일이 있었다. 좋아하는 노래를 모두들 앞에서 부르는 평가과제가 있었다. 나는 장동건의 <에덴의 저편>이라는 노래가 좋았다. 눈을 감고 노래를 부르기 시작했다. 그러다 웅성거리는 소리에 눈을 떴다. 아이들은 모두 나를 보고 있었다. 순간 긴장되기 시작했다. 나를 어떻게 생각할지 걱정된 것이다. 다른 사람의 눈치를 보고 있으니 목소리는 작아졌다. 노래의 끝부분에는 목소리도 제대로 나오지 않았다. 선생님은 아이들 앞에서 "노래를 부를 때 자신감이 없었다"란 평가와 함께 D를 줬다. 그날 나는 최하점을 받았다. 반 친구가 웃으며 말했다.

"나는 걱정했는데 C 받았네."

그 말은 마치 나를 보며 하는 말 같았다. 몰려드는 창피함에 쉬는 시간 내내 책상에 엎드려 있었다. 다른 사람에게 잘 보이고 싶었지만 결과가 좋지 않았다. 다른 사람을 너무 신경 쓴 탓이었다. 이렇게 타인을 신경 쓰는 일은 생각보다 아주 많다.

혹시 사람이 많은 장소에서 넘어져본 적이 있는가? 아주 신기한 경험을 할 수 있다. 어떤 아픈 상황에서도 벌떡 일어나 걸어갈 수 있는 것이다. 나도 그런 적이 있다. 그날은 전날 내린 비로 곳곳에 물웅덩이가 있었다. 핸드폰을 잃어버리고 새로 산 지 3일 만에 변기에 빠뜨려서 핸드

사양합니다, 착한 사람이라는 말

폰 수리를 맡겼는데, 그날 수리가 끝났다는 전화를 받았다. 핸드폰을 찾으러 가는 길이 신이 났다. 수리된 핸드폰을 손에 쥐자 마음이 들떴다. 그런데 핸드폰 매장 앞에서 대자로 넘어졌다. 넘어지며 물이 고인 웅덩이에 핸드폰 쥔 손을 담그고 말았고, 머리부터 발끝까지 흙탕물을 뒤집어썼다. 흘낏 본 핸드폰은 액정이 망가진 것 같았다.

　다시 수리를 맡겨야 하는 상황이었다. 그런데 맡겨야 한다는 생각보다 창피하단 생각이 먼저 들었다. 넘어졌을 때 주변에서 "어떡해"라는 말을 들었기 때문이다. 사람들의 시선에 벌떡 일어났다. 머리에서 물을 뚝뚝 흘리며 집까지 뛰어갔다. 집에 가서 거울을 보니 엉망이었다. 머리와 옷은 흙탕물 얼룩이었고, 떨어진 물로 바닥도 엉망이 되었다. 손바닥과 무릎에선 피가 흘렀다. 그제야 손도 무릎도 너무 아팠다. 샤워를 하고 옷을 갈아입은 뒤 절뚝거리며 왔던 길을 되돌아갔다. 아까 나왔던 그 매장으로 다시 들어가 수리를 맡겼다.

　매장 안에서 내가 넘어진 걸 본 사람들은 괜찮은지 물었다. 괜찮은 상황이 아니었지만 나는 괜찮다고 손을 내저었다. 얼굴은 새빨개졌다. 얼른 집에 돌아가고 싶은 마음뿐이었다. 집에 돌아올 때도, 돌아와서도 내내 생각했다. '내가 넘어진 걸 본 사람이 얼마나 있을까?', '다 큰 어른이 그렇게 넘어지다니! 날 어떻게 생각하겠어?'라고 말이다. 타인은 한번 걱정하거나 웃고 지나갈 일에 혼자만 쩔쩔 매는 것이다.

　나는 내 이름이 싫었다. 너무 많기 때문이다. 길거리에서 "진아야" 하는 소리에 뒤돌아보면 내가 아닐 때가 많았다. 학교 다닐 때는 같은 반에 성만 다른 진아가 있었다. 키 순서에 따라 '큰 진아', '작은 진아'라고 불렀다. 그런데 이렇게 다른 사람의 평가가 중요한 나에게도 나오는 다르게 아주 멋있게 세상을 사는 친구가 있다. 고등학교 때 친구인데, 이름도 특이하다. 아니 특별하다. 이 멋있게 사는 친구의 이름은 '류별라'다. 친한 친구들 사이에선 '별이'라고 부르는데 이름마냥 별처럼 빛나는 친구다.

우리는 고등학교 3학년 때 친구다. 그 친구는 성씨도 '김'처럼 흔하지 않다. 이름은 더 흔하지 않다. 어렸을 땐 놀림도 많이 받았을 것 같다. 나라면 아마 매일 울며 집에 갔을 것이다. 실제로도 나는 '태진아'라고 놀림 받으면 금새 울음을 터뜨리는 아이였다. 이름으로 놀림을 받아서 일주일 만에 학원을 그만둔 적도 있다. 하지만 이 친구의 생각은 전혀 달랐다.

"이름 때문에 놀림 받은 적 있어?"

하루는 내가 물어본 적이 있다.

"당연하지. 놀리는 사람은 많았지만 그래도 난 상관없어."

내가 너무 당연한 걸 묻는 것 같았다. 친구는 자기 이름이 특별하기 때문에 그렇다는 거였다. 그렇게 다른 사람의 시선을 신경 쓰지 않는 친구의 모습이 대단해 보였다.

친구의 다른 모습은 이것뿐만이 아니다. 싫은 소리도 하고, 정곡을 찌르는 말도 잘한다. 분명 하고 싶은 말을 다 하는 것 같은데 이상하게 밉지 않다. 선생님에게 인정받고, 친구들에게 인정받는다. 하고 싶은 말을 다 하지 못하는 나와는 다르다. 그래서 나는 그 친구가 더 굉장하다고 생각한다. 나와 다른 모습을 닮고 싶고, 항상 잘되었으면 하고 바라는 친구다.

다른 사람의 평가는 매번 달라진다. 똑같은 일이라도 사람에 따라, 상황에 따라 다르게 평가된다. 같은 행동을 해도 어떨 때는 좋은 평가, 어떨 때는 나쁜 평가를 받는다. 이 평가가 공정하다고 느낄 수도 불공정하다고 느낄 수도 있는 것이다. 번번이 달라지는 평가에 일일이 신경 쓴다면 어떻게 될까? 만나는 사람마다 다른 행동을 해야 할 것이다. 결국 내가 어떻게 해야 할지 알 수 없게 된다. 누구에게나 인정받고 싶고, 사랑받고 싶다는 욕구는 다른 말로 바꾸면 내 스스로의 인정은 중요하지 않다는 것이다. 내 인정 없이 타인의 인정만으로는 자유롭게 행복해질 수 없다.

타인의 평가에서 자유로워진다는 것은 미움받을 용기가 필요하단 뜻처럼 느껴질 수 있다. 그러나 생각해보라. 타인에게 미움받지 않으면 당신은 제대로 해내지 못한 당신 자신에게 미움받고 있을 것이다. 우리는 우리 자신에게 사랑받을 용기를 가져야 한다.

2장

★

잊지 마,
넌 이미 좋은 사람이야

완벽한 사람은 존재하지 않는다

    드라마의 여주인공을 보면 이런 생각이 든다. '저 사람은 정말 완벽하네. 얼굴도 예쁘고 능력도 있고 성격도 좋아.' 그 모습을 보고 나면 보풀 일어난 옷에 수면바지를 입고 있는 내 모습과 비교된다. 저 사람은 집인데도 늘어진 모습이 없이 완벽하다. 주변을 둘러보면 다들 멋진 인생을 사는 것 같다. 그 멋진 인생에 나는 포함되지 않는 것 같다.

    tvN에서 방영된 드라마 <나의 아저씨>에 나온 대사 중에 이런 말이 있다.

"나는 이 세상에서 네가 제일 부럽다. (중략) 난 다시 태어나면 꼭 너로 다시 태어나고 싶다."

우리는 매일 다른 사람을 부러워한다. 인스타그램에 하루가 다르게 올라오는 여행지 사진, 깔끔한 집 사진, 맛있는 음식과 행복해 보이는 사진까지. 나를 뺀 모든 사람들이 행복한 것 같다. 부족한 점은 보이지 않는다.

남들에게 내 인생도 완벽한 인생처럼 보이려고 애를 쓴다. 매일매일 청소하고 빨래하고 정리한다. 몸이 좋지 않을 때도 내가 해야 한다는 부담감은 나를 짓누른다. 설거지가 쌓여 있고, 여기저기에 아이들 장난감이 늘어져 있다. 바닥에는 머리카락이 보인다. 그렇게 더러워진 집을 보면 내가 노력한 모든 게 물거품이 된 것 같다. 아무것도 바뀐 게 없는 기분이 들어 스스로에게 짜증이 난다. 그 순간 바닥에 있는 장난감을 발로 밟고, 발바닥의 아픔과 스스로에 대한 짜증은 결국 아이에게 터져나간다. 그리고 화를 내며 거실을 치우기 시작한다.

"이렇게 어질러 놓으면 다 버릴 거야. 다음엔 장난감 안 사줄 거야. 내가 사주나 봐라."

아이는 어리둥절한 표정이다. 내 가시 돋친 말은 아이의 마음에 상처를 줬다.

"언니, 엄마가 내 장난감인데 버린대."

아이는 눈물을 흘리기 시작한다.

"장난감이 필요 없으니까 정리도 안 하는 거지."

나는 험한 말을 쏟아낸다. 어떻게 하면 더 상처를 줄지 연구하는 것처럼 거친 말로 아이 마음에 생채기를 낸다. 그리고 밤이 되면 눈물 고인 채 자는 아이를 보며 후회한다. 미안하다고 사과하는 일이 반복된다.

나는 완벽한 엄마를 꿈꿨지만, 매일 밤 완벽하지 않은 내 모습을 확인했다. 나를 제외한 모든 사람들이 다 완벽하게 산다고 생각했다. 그래서 언제나 내가 부족한 사람 같았고, 내 부족한 점만 보였다. 똑 부러지지 못한 성격, 우유부단한 모습, 완벽하지 않은 가족…. 내 부족한 점은 언제나 채워지지 않았다. 내 기준은 항상 다른 사람이었고, 기준이 되는 사람들은 항상 바뀌었다. 매번 새 기준이 생겨 내게는 새로운 단점들이 늘어났다. 채워도 채워지지 않았다. 깨진 항아리에 물을 채우는 것처럼 언제나 공허하기만 했다. 내 부족함을 채우기 위해 많은 시간이 필요했다. 얼마나 일하든 부족함이 보였다.

결혼 전 송탄에서 일할 때였다. 유치원 종일반 교사 겸 사무일을 보게 되었다. 사무업무는 처음이었다. 모든 게 낯설었다. 작년에 사무일을 보던 선생님에게 종종 조언을 구했다. 그러나 새로 아이들을 맡은 선생님에게 항상 도움을 받을 순 없었다. 낯선 일에 적응하려다 보니 실수가 잦았다. 사무일을 하다가 실수한 부분이 많아 교육청 주무관의 전화를 자주 받았고, 매번 "죄송합니다"로 전화는 끝났다.

유치원에서는 차량 운행을 한다. 오전, 오후 운행과 종일반 운행을 합치면 하루 5번 정도 차량 운행에 시간을 쓴다. 오전 중에는 사무일을 보고, 오후 시간이 되면 종일반 교사로 일한다. 일 중간에 선생님이 요청하는 일을 보조한다. 종일반 아이들을 하원시킨 후엔 그동안 못한 일을 마저 한다. 작년 종일반 선생님은 정시퇴근을 했었고, 나는 편하게 일하고자 종일반 교사에 지원했었다. 그러나 일은 내 예상과는 전혀 달랐다.

종일반 아이들은 많았다. 유치원 5, 6, 7세 아이들을 모두 합치니 정원은 두 반으로 나누어야 할 정도였다. 그 아이들을 혼자 지도하려다 보니 시행착오가 늘어났다. 혼합반인 아이들을 지도하기엔 교실 크기,

자원 모두 부족했다. 결국 상주하는 영어 선생님에게 종일반 보조교사를 부탁했다. 그래도 많은 아이들을 돌보는 준비를 모두 하기엔 어려움이 있었다. 일찍 출근해 연령별로 학습지를 준비하고, 연령별 활동을 계획했다. 원장 수녀님의 지원으로 다양한 활동을 채웠다. 퇴근시간이 되면 끝내지 못한 일에 야근을 자청했다. 모두 퇴근한 교무실에서 어수선한 내 책상을 보면 허탈해졌다.

하루 종일 시간에 쫓기듯 생활했지만 제대로 이룬 것이 없는 하루였다. 퇴근 후 혼자 남은 시간 동안 내 부족한 점이 계속 떠올랐다. 매일 퇴근은 늦어지고 야근이 잦았다. 부족한 점을 더 완벽하게 처리하기 위해 많은 시간이 필요했다. 계속 체크하고 확인했다. 완벽하게 해내고 싶었지만 완벽하지 않은 내 모습이 싫었다. 나름의 노력에도 항상 다른 실수가 생겼다. 깜깜한 골목을 걸어가면 눈물이 났다. '오늘도 노력이 부족했나?'란 자책감이 생겼다. '얼마나 더 노력해야 결점이 없는 사람이 될 수 있나' 생각하며 집 계단을 올랐다.

매일 늦게까지 남아 있던 어느 날, 저녁기도를 마친 원장 수녀님이 들르셨다. 불이 켜진 교무실에서 혼자 있는 날 보며 "왜 매일 늦게까지 있어? 혼자 있어 어떡해"라며 걱정스런 얼굴을 하셨다. 그러고는 늦었으니 그만하라며 집까지 데려다주셨다. 집은 유치원에서 걸어서 5분 거리였지만, 길이 깜깜하다며 차로 데려다주셨다. 짧은 시간 동안이지만 나를 지켜보며 느낀 점을 이야기해주셨다.

"선생님이 노력하고 있다는 걸 알고 있어요. 실수해도 괜찮으니 힘내요."

그 말을 듣는 순간 눈물이 울컥 쏟아질 뻔했다. 다음 날, 수녀님은 웃는 얼굴로 맞아주셨다. 원장 수녀님은 갑상선 기능 저하로 건강이 좋지 않을 때도 항상 웃으려고 노력하셨다. 어느 날은 건강을 챙기라며 비타민제를 돌리기도 하셨다. 이젠 그때의 원장 수녀님보다 내가 더 나이를 먹었다. 그리고 수녀님의 행동이 얼마나 어려운 일이었는지 새삼 깨닫는다. 노력하는 모습을 먼저 봐준 박지영 수녀님은 내가 존경하는 분 중 한 분이 되었다.

2005년 인터넷매체인 <스타뉴스>에 가수 김장훈이 8집을 내며 한 인터뷰가 실렸다. 오랜 시간이 지난 지금 우연히 보게 된 그 인터뷰는 내게 깊은 울림을 준다.

"사람은 수만 가지 조각으로 살고 있죠. 꿈의 조각, 친구의 조각, 추억의 조각. 그러나 대부분은 기억의 한 조각이나 꿈의 한 조각 등 어느 한 조각을 잃어버린 채 살아가고 있을 거예요. 완벽한 형태를 갖추고 사는 사람은 아무도 없는 것 같아요. 나는 잃어버린 내 노래의 한 조각을 찾고 싶었습니다."

나는 완벽주의자다. 언제나 실수할까 걱정했다. 실수를 줄이려고 전전긍긍했다. 내 결점을 채우는 것이 중요하다고 생각했다. 하지만 매번 새 잣대를 대는 나는 완벽하지 않았다. 늘 나보다 더 나은 사람을 기준으로 여기기에 나란 사람은 작게 보였다.

우리는 일을 할 때 과정보다는 결과를 본다. 노력한 모습보다는 성공 여부를 따진다. 그게 학생이든 어른이든 직장인이든 거기에서 자유로울 순 없다. 학생은 성적으로, 대학생은 취업 여부로, 직장인은 직급과 연봉을 기준으로 판단한다. 개개인은 모두 다르다. 성격도, 잘하는 일도,

좋아하는 것도 모두 다르다. 하지만 그건 개인의 사정일 뿐 세상살이는 다르다. 잘한 건 당연하고 못한 건 당연하지 않다. 그런 세상에서 살아가는 데는 완벽함이 요구된다. 모두 부족한 점만 찾게 된다.

그런데 세상에 완벽한 사람은 없다. 나처럼 자기가 할 수 없는 일 때문에 괴로운 건 마찬가지다. 나는 내 결점만 크게 보고, 다른 사람의 밝은 모습만 봤다. 물론 다른 사람의 부족한 점을 알긴 어렵다. 다른 사람도 나처럼 자신이 가진 것 중 가장 좋은 모습만 드러내기 때문이다. 마치 풀메이크업을 한 날에만 셀카를 찍는 것처럼 말이다. SNS 속 멋진 여행 사진도 그들이 꿈꾸는 인생일지 모른다. 나는 그동안 다른 사람이 보여주고 싶은 인생 사진만 보고 그 사람의 모습을 판단했다는 생각이 든다.

성과만을 보는 세상에선 모두 결점투성이 인간이다. 인간을 꿈꾸는 피노키오 같은 존재다. 완전함을 꿈꾸지만 불완전하다. 세상에 백점짜리 인생을 사는 사람은 없다. 완벽하지 않아도 괜찮다. 내가 한 노력은 세상 사람들은 몰라도 나는 안다. 완벽하지 않아도 나는 충분히 괜찮은 사람이다. 당신도 충분히 괜찮은 사람이고, 당신의 인생도 꽤 괜찮은 인생이다.

모두의 친구는 내가 아니다

　"친구들과 사이좋게 지내. 싸우지 말고"라는 말을 들어본 적이 있는가? 나는 어렸을 때 이런 말을 듣고 자랐다. 어린이 프로그램에서도 자주 나오는 말이다. 우리는 모든 사람과 원만하게 지내길 바란다. 아이들의 동화를 보면 우린 모두 친구라는 것을 강조한다.

　동화 속 주인공은 혼자 있지 않는다. 외롭지 않게 친구를 찾아 나선다. 동화 속에서 다양한 친구들과 어울리며 살아간다. 그리고 세상 모든 사람과 친구가 될 수 있다는 메시지를 주는 경우도 많다. 동화 속에서는 모든 사람들의 사랑을 받는다. 한 번 스쳐지나가도 우리는 친구라 말한다. 현실에서도 그럴 수 있으면 좋겠다. 나도 친구가 많았으면 좋겠다.

　아이를 키우면 유독 내 모습을 많이 돌아보게 된다. 내가 겪었던 일을 아이는 좌절 없이 해냈으면 좋겠다. 시행착오 없이 잘해냈으면 하는 마음이 들어 잔소리하는 경우도 있다. 머리로는 아이의 작은 실패가 어른이 되었을 때 일어서는 힘이 될 거라는 걸 안다. 하지만 현실은 전전 긍긍하는 일이 많다.

특히, 내가 부족하다고 생각한 친구관계가 불안하다. 조바심에 아이에게 말을 하면 아이는 자기도 안다고 대답하고 다른 곳으로 가버린다. 아이가 잘할 거라는 믿음과 친구관계에서 힘들어 하지 않을까 하는 마음 사이에서 흔들린다.

문득, 하루 종일 울리지 않는 내 휴대폰이 생각난다. 내 휴대폰에 저장된 번호는 많지 않은데, 가끔 연락처를 보면 연락을 하지 않는 사람이 더 많다. 1년에 한두 번 연락하는 사이, 전화번호를 받고 한 번 연락한 뒤 서먹한 관계도 많다. 학교를 졸업 후 연락하지 않는 사이도 많다. 직장에 다니면서도 이사를 자주 다녀 어렵게 사귄 사람들과 떨어졌다.

결혼 후에 세종시에 처음 오게 되었을 때도 막막했다. 몇 달을 아이와 지내며 혼자 있다 보니 외로웠다. 그래서 내 성격에 대해 고민을 많이 했다. 처음 만난 사람에게 잘 다가가 말을 걸고 어울리는 사람의 모습을 볼 때면 그 고민은 더 깊어졌다. '나는 왜 저렇게 하지 못할까?'란 생각이 들었다.

어린이집에 다니지 않는 아이를 데리고 놀이터에 나갔다. 놀이터에서 혼자 놀고 있는 아이의 뒷모습을 보면 짠하다. 벤치에 혼자 앉아 있는 내 모습과 너무 닮아 보였다. '엄마가 친구가 없어 너도 친구가 없구나'란 생각이 들었다. 놀이터에서 엄마들과 아이들이 모여 놀고 있는 모습을 보면, 놀이터 한구석에 덩그러니 놀고 있는 아이와 내 모습이 속상했다. 어느 날은 큰마음을 먹고 먼저 다가가 말을 건 적도 있다. 아이 나이를 묻고 몇 마디 나누다가 서로 어색해져 자리를 피하게 됐다. 이런 일이 몇 번 반복되자 먼저 다가가기 두려워졌다.

　나는 아이 친구도 만들어주지 못하는 무능한 엄마 같았다. '내가 사람들이 좋아하는 사람이었다면 우리 아이도 친구들과 놀고 있겠지?'란 생각이 들었다. 그런 생각이 들 땐 온 동네에 아는 사람이 많은 이가 제일 부러웠고, 소심한 내가 싫었다. 오늘 따라 혼자인 내가 더 외롭게 느껴졌다. 내가 인기 있으면 아이도 인기 있는 아이로 살 것 같단 생각이 들었다.

　아이가 두 살 무렵 친구를 만들어주려고 맘카페에 글을 올린 적도 있다. 집 근처에 친구가 있으면 아이도 나도 덜 외롭지 않을까 싶었다. 하나, 둘 친구를 알게 되었지만 점차 남의 아이와 내 아이를 비교하는 나를 발견했다. 나도 모르게 '우리 아이는 쟤보다 키가 작네. 저 아인 인사를 잘하고 적극적이다'라고 생각했다. 다른 아이가 인사하는 모습을 보며 나도 아이를 앞세웠다. "너도 인사해보자"라며 아이에게 적극적인 행동을 강요했다. 아이는 울먹이며 내 뒤로 숨었다. 다리를 잡고 우는 아이를 보며 한숨을 쉬는 내 모습에 놀랐다. 나도 못하는 행동을 아이에게 원하는 모순이라니. 아이에게 미안했다.

　첫째가 여섯 살 때 "어린이집 재미없어. 친구도 없어"라고 말했다. 아이는 "나는 친구가 없어. A는 친구들이 좋아하는데 나는 안 좋아해"라고 말했다. 나는 아이의 친구가 없다는 말을 들었을 때 반 아이들이 몇 명인지 생각했다. 아이가 한 말 중에 친구가 없다는 것만 들렸다. 그래서 아이에게 이렇게 말했다. "반에 있는 아이들이 모두 친구야"라고. 그러자 아이는 "나랑 같이 안 노는데?"라고 말했다. 아이가 친구라고 생각하는 기준은 자신과 친하게 지내는 친구였다.

첫째는 A의 말을 친구들이 잘 들어주는 게 부러운 것 같았다. 아이가 말했을 때 A가 싫은 기색을 보이면 친구들이 자기 이야기는 들어주지 않는다고 서운해했다. 아침에 등원 전 옷을 고를 때도 A가 예쁘다고 할지 신경 쓰며 입었다. A가 예쁘다고 먼저 말하지 않으면 다른 친구들도 예쁘다고 말하지 않는다고 했다. 나는 아이에게 A와 친한지 물었다.

"아니 걔는 다른 친구랑 더 친해."

나는 다시 아이에게 A와 친하게 지내길 원하는지 물었다. 아이는 "A는 친구들이 더 좋아하니까 하고 싶은 대로 하고, 다른 애들한테 뭐라고 하는데도 친구들이 다 들어줘. 나도 친구들이 좋아해줬으면 좋겠어"라고 자기 마음을 말했다.

선생님에게 물어본 내 아이는 또래 사이에서 인기도 있고 잘 지내는 아이다. 내가 생각할 때도 첫째의 또래관계는 원만했다. 친구를 좋아하고 함께 노는 친한 친구도 있었다. 내가 생각하기에 A는 친구들의 사랑을 받길 원하는 첫째의 이상형 같다. 그래서 A처럼 머리를 기르고, 비슷한 옷을 입고, 자기가 하고 싶지 않은 놀이도 A가 하자고 하면 같이 어울리는 것이었다. 이런 아이의 행동은 일곱 살이 되어 A가 유치원으로 옮길 때까지 이어졌다. A가 원을 옮기고 첫째는 어떻게 되었을까? 이제는 다른 아이의 말과 행동에 신경 썼다. 나는 그런 아이의 모습에 어떻게 도와줘야 하는지 조바심이 났다. 그래서 자주 조언을 구하거나 책을 읽었다.

부모가 되니 다른 것보다 아이의 교우관계가 걱정된다. 그 와중에 첫째가 초등학교에 입학하게 되었다. 친구관계에 대한 불안은 심해졌다. 뉴스에선 요즘 아이들이 무섭다고 겁을 준다. 주변 사람들도 친구들과 문제없이 생활하는 게 얼마나 어려운지 들려줬다.

아이가 학교에 가 있는 동안 집에서 기다리며 학교에서 잘 지내고 있는지 걱정했다. 학교까지 아이를 마중 나갔다. 아이의 표정을 살피며 누구와 뭐하고 놀았는지 물었다. 대부분은 잘 놀았다 말하는데, 가끔은 아이가 속상했던 경험을 말할 때도 있다. 딴 애들은 다 있는데 나만 없다며 물건을 사달라고 한 적도 있다. 아이가 주눅이 들까 걱정되어 아이가 원하는 물건을 사줄지 말지 남편과 고민한 적도 있다.

아이가 내성적인 엄마를 닮을까 걱정이다. 나처럼 친구가 없을 것 같아서 늘 불안한 마음이 들고, 아이의 또래관계에 예민해진다. 매년 있는 담임선생님과의 상담에서 내 관심사는 언제나 하나다. 아이가 반에서 친구와 어떻게 지내고 있는가 하는 것이다.

아이는 나와 같지 않다. 외모도 성격도 다르다. 나는 친구 사귀기가 힘들지만 아이는 잘해낸다. 이렇게 나와는 다른 존재인데 아이에게서 내 모습을 찾게 된다. 머리로는 알지만 나랑 비슷한 모습을 보면 마음이 불편하다. 아이의 부족한 점을 채워야겠단 마음이 든다. 그러다가 아이의 말을 들으면 나랑 다르다는 걸 다시 생각하게 된다. 아이를 바꿔야겠단 생각이 바뀐다. 아이가 웃으며 "오늘은 친구 두 명 사귀었어. 내가 먼저 인사했어"라고 말할 때가 그럴 때다. 그런 아이가 대견하다. 그리고 "그래도 나는 C가 제일 좋아. 가장 친해"라고 말하면 나와 다르게 생각할 수 있단 사실이 놀랍다. 모두 다 친구가 아니라 나와 노는 아이가 친구라고 생각하는 것 말이다. 나는 반 친구들과 모두 사이좋게 지내야 한다고 생각했는데, 아이는 친한 친구를 소중히 여겼다. 아이는 마음도 잘 크고 있었다. 한 반에 있다고 해서 모두 다 친한 친구가 될 수 없다. 아이도 알고 있는 사실을 나는 왜 깨닫지 못했는지 부끄럽다.

2. 잊지 마, 넌 이미 좋은 사람이야

나는 모두에게 사랑받는 사람이 되고 싶었다. 그래서 모두가 좋아하는 친구가 가장 인간관계가 좋은 사람이라고 생각했다. 미움받지 않기 위해 좋은 사람이 되려고 애썼다. 내 허전함을 다른 사람의 인정으로 채우고 싶었던 것이다. 많은 사람들과 어울리려고 좋아하는 척한 적도 있다. 이런 내 일방적인 관계는 늘 오래가지 못하고 좋아하는 척은 들통이 났다. 오히려 친한 친구들과 사이가 멀어지기도 했다. 모두에게 인정받고 사랑받을 순 없다. 모두에게 좋은 사람이란 없다는 사실을 우리는 깨달아야 한다. 아리스토텔레스(Aristoteles)의 명언이 떠오른다.

"모두의 친구는 어느 누구에게도 친구가 아니다."

사양합니다, 착한 사람이라는 말

내가 단것을 찾는 이유

어린이집 선생님을 할 때의 일이다. 한 달에 한 번 집에서 가져온 간식을 나눠먹는 날이 있었다. 간식을 먹는 날 한 아이는 어린이집 가방 가득히 과자와 음료수를 챙겨왔다. 친구들과 과자를 나누어 먹으면서도 자기가 가져온 과자에 집착했다. 입 안 가득, 양손 가득 들고 먹었다. 아무리 봐도 너무 많이 먹는다는 생각이 들었다. 다 먹을 수 있다고 고집을 부리던 아이는 결국 토했다. 그러고도 괜찮다며 바로 다른 과자를 먹으려고 하는 아이를 보고, 문득 '이 아이는 배가 고픈 게 아니라 마음이 고픈 게 아닐까?'란 생각이 들었다.

언제부터인가 방송에서는 '딸 바보'라는 말이 유행한다. '딸 앞에서 바보가 될 정도로 딸을 너무나도 사랑하는 엄마나 아빠를 이르는 말'인데, 그와 함께 '남아선호(男兒選好)란 단어는 역사 속으로 사라진다',

'출생아 중 남자아이 비중이 역대 최저 수준으로 떨어졌다'란 뉴스도 들려온다. 이제는 세상이 달라졌을까? 아직 달라진 것 같진 않다. 가끔 세 딸과 외출하면 "딸만 셋이야? 아들 하나 있어야겠네. 아들이 있어야 제사라도 지내주지" 혹은 "애 셋이라니 애국자네. 아들 낳으려고 많이 낳았어?"란 말을 종종 듣는다. 나는 아들을 원한 적이 없는데, 내가 요구한 적 없는 조언을 듣는다. 정말 아들이 최고인 걸까?

우리 아버지는 4남 1녀 중 장남이고, 나는 장녀다. 남동생은 장손이었다. 우리 할머니는 나를 사랑했다. 하지만 대부분의 어른들이 그랬듯 '아들이 최고야', '아들은 나중에 제사를 지내주니 꼭 있어야 해'란 생각에서 벗어나진 못했다. 어렸던 내 눈에 장손인 동생을 더 챙기는 모습이 보였다. 어릴 땐 '내가 남자면 달라졌을까?', '내가 첫째인데, 여자면 남자랑 다른가?'란 생각을 하며 남자로 태어나지 못한 나 자신을 탓한 적도 있다.

어린이집에서 배가 불렀지만 계속 먹던 그 아이의 모습은 나와 다를 것이 없었다. 나도 먹는 것에 많이 집착했다. 어렸을 땐 밥을 먹을 때도 동생보다 많이 받았다. 다 먹지도 못할 거면서도 매번 그랬다. 하루는 할머니가 장손인 동생에게 주려고 작은 산삼을 보내왔다. 동생은 먹기 싫다고 했지만, 부모님은 몸에 좋은 약이라며 먹으라고 했다. 그 모습을 보고 "나는 왜 안 줘?" 하고 물어봤다. 부모님은 "여자는 먹으면 안 돼"라고 말했다. 그 말을 듣고 나는 "왜 여잔 안 돼?"란 물음과 함께 심술이 났다. 쓴 약은 질색이었지만 내가 먹겠다고 우기고 방에 틀어박혀 울었다. 내 고집에 진 부모님은 산삼을 주셨다. 울면서 쓴 산삼을 먹었다. 지금 생각해보면 그때 나도 마음이 고팠던 것 같다.

그 일 이후로도 나는 초콜릿, 과자, 빵처럼 단것을 찾기 시작했다. 어른이 된 후로는 단것을 먹는 다양한 이유를 찾았다. 당이 떨어졌다, 맛있어 보인다, 몸이 안 좋다, 배가 고프다 등등 갖가지 창의적인 이유를 찾아 합리화했다.

어린이집에서 일할 때, 점심을 가지고 교실로 가던 선생님이 인사를 하려고 들렀다. 나는 아이들 점심 급식을 모두 나누어 주고 내 밥을 담고 있었다. 그 선생님은 "맛있게 많이 먹어"란 말을 하곤 나를 보며 깜짝 놀랐다. 그리고 어색한 미소를 지으며 "이미 많이 먹고 있구나"라고 말하며 교실로 돌아갔다. 내가 고봉밥을 담았기 때문이다. 그렇게 먹고도 한두 시간이 지나면 허기가 졌다.

결혼 전 내 상태도 이와 같았다. 일을 하고 집에 돌아오면 진짜 허기가 아닌 가짜 허기가 나를 괴롭혔다. 좋은 사람으로 살기 위해 하루 종일 애를 쓰고 퇴근 후면 해소되지 못한 말로 힘들었다. 외로움에 습관적으로 텔레비전을 켜고, 늦은 저녁으로 배를 채웠다.

가짜 허기가 덜해진 것은 한 고양이와의 인연 덕분이었다. 어느 늦은 새벽까지 책방에서 책을 본 뒤 집에 가는 길에 자동차 밑에서 작은 소리로 울던 고양이를 만났다. 주인을 찾을 수 있을까 싶어 찾아간 동물병원에선 귀 진드기 치료를 해야 한다고 했다. 치료를 한 뒤 혹시 주인이 찾아오면 알려달라고 이야기했다. 주인을 찾기 위해 며칠을 노력했지만 찾을 수 없었다.

임시보호 중이던 고양이는 내 가족이 되었다. 전에는 집에 오면 외로운 마음에 습관적으로 텔레비전을 켰다. 사람 소리라도 듣기 위해서였다. 하지만 고양이를 키우는 '집사'가 된 후론 집에 와서 고양이에게 오늘 있었던 일을 이야기하면 마음이 편해졌다. 고양이와 시선을 마주치면 위로받는 느낌이 들었다. 그렇게 인연을 맺고 살던 중 내 첫 고양이는 무지개다리를 건넜다. 무지한 내 탓이었다. 이후 인연을 맺은 다른 고양이도 있었지만 첫 고양이를 보낸 건 내 탓이란 생각에 괴로웠다. 줄어들었던 간식을 다시 찾고, 야식을 먹는 일이 잦아졌지만 마음을 추슬러야 했다. 남은 고양이들을 챙겨야 한다는 생각 때문이었다.

결혼 후 타지에서, 임신한 몸으로 남편이 올 때까지 혼자 집에 있는 일은 힘들었다. 계속 일만 했던 나는 처음에는 신이 났지만, 점차 하루를 어떻게 채워야 할지 몰랐다. 고양이 두 마리를 돌보고 외로워지면 고양이들 옆에서 쪼그려 잠이 들었다. 나도 모르는 내 정서적 허기를 고양이와 함께하는 시간으로 채웠던 것이다.

반려동물을 키우는 일로 시댁과의 마찰이 커지자 나는 다시 불안해졌다. 태어난 아이를 위해 내 가족을 버리는 일은 하고 싶지 않았다. 하지만 좋은 엄마, 좋은 며느리가 되어야 했던 나는 결국 고양이들을 남편 회사동료에게 보낼 수밖에 없었다. 무지개다리를 건널 때까지 내가 챙기지 못했다는 감정은 나를 따라다녔다.

착한 며느리라는 칭찬도 내 마음을 채워주지 못했다. "어떻게 고양이를 다른 곳에 입양 보낼 생각을 했니, 잘했다", "잠깐 키운 새가 죽었는데도 이렇게 마음이 아픈데, 넌 어떻게 보냈니?"란 말을 들었고, 착한 며느리가 되고 싶었던 나는 그저 웃어넘기며 고양이에 대한 대화를 회피했다. 떠오를 때마다 죄책감에 괴로웠다. 나는 다시 간식을 찾기 시작했지만 헛헛한 마음은 채워지지 않았다.

어느 날 나는 마음이 힘들어서 이렇다는 걸 깨달았다. 그날 저녁에 퇴근하고 돌아온 남편에게 "고양이 이야기는 하지 않았으면 좋겠어. 생각이 나서 너무 힘들어"라고 울며 말했다. 남편은 내 이야기를 비난 없이 들어주고 안아주었다. 내가 원치 않던 선택은 나를 힘들게 했지만 남편은 들어줌으로써 내 마음을 인정해주고 채워주었다.

우리는 배가 고플 때 '헛헛하다'란 표현을 한다. 국어사전에서는 '배 속이 빈 듯한 느낌이 있다', '채워지지 아니한 허전한 느낌이 있다'고 설명한다. 그래서 우리는 배가 고플 때도 '헛헛하다', 마음이 허전할 때도 '헛헛하다'라고 말한다. 이런 마음의 상태를 정신과 전문의는 '정서적 허기(Emotional Hunger)'라고 말한다. 몸이 고파서 먹는 것이 아니라 마음이 고파서 먹는다는 것이다. 또 본질적인 심리적 허기를 채울 수 없어 점점 더 많이 먹어야 마음의 허기를 채울 수 있는 중독이 일어날 수 있다고 말한다. 어린 시절 아무것도 모르고 먹는 것으로 배를 채우던 나는 알게 되었다. 이유 없는 배고픔은 없다는 것을. 좋은 사람이 되려고 했던 내 선택은 마음의 허기짐을 주었다. 신체적 허기짐은 음식을 먹으면 사라지지만, 마음의 허기짐은 음식으로는 채울 수가 없다.

이유를 모르면 먹고 먹어도 배가 고픈 아귀처럼 마음의 허기짐은 더해간다. 목마른 사람에게 준 물 한 방울처럼 갈증이 심해진다. 우리는 이 허기짐이 신체적 배고픔인지, 마음의 배고픔인지 아는 것이 필요하다. 이제 나는 정서적 허기짐은 따뜻한 말과 내 감정에 대한 인정, 있는 그대로의 나를 사랑함으로써 채울 수 있다는 걸 알게 되었다.

다이어트에 성공한 방송인 김신영은 이렇게 말했다.

"가짜 배고픔을 알아채라!"

75

내 인생을 초라하게 만든 건 나 자신이다

　사람들은 누구나 최고의 인생을 꿈꾼다. 내 인생도 특별해질 수 있다고 믿으며 살아간다. 하지만 살다 보면 내가 생각한 대로 일이 흘러가지 않는다. 행운과 행복만 따라오지 않는다. 특별한 줄 알았던 자신이 평범한 사람일 뿐이란 걸 깨닫는다. 성공은 몇몇 선택된 사람에게만 허락된 것이고, 나머지는 나머지의 인생을 살아간다는 것, 누구나 남 부러운 인생을 사는 것은 아니라는 사실을 알게 된다.

　여태껏 살아가면서 했던 모든 고민에 많은 말을 들었다. 어릴 때 고민은 "애가 무슨 고민이 있어?"라는 말로 아무것도 아닌 일이 되었다. 학창시절에 힘들다는 말을 하면 돌아오는 말은 "너만 힘든 거 아니야. 다 똑같이 힘들어"란 말이었다. 졸업 전 취업 걱정엔 "너만 그런 거 아니야.

다들 걱정해"란 말을, 내가 잘 살고 있는 건지 확신이 없었을 때 "남들도 다 그렇게 살아. 남들은 괜찮은데, 너만 왜 그래?"란 말을 들었다.

나는 특별할 것 없는 학창시절을 겪고, 남과 다르지 않은 직장을 구해 평범하게 살고 있는데 왜 내 인생이 시시해 보이는 걸까. 평범하게 살고 있는 게 맞는지조차 확신할 수 없었다. 남들이 공부할 때 공부하고, 남들이 가는 대학을 간다. 다른 사람이 취업하니 나도 취업을 해야겠고, 남들이 결혼할 나이라고 하니 결혼하는 게 당연한 걸까?

나는 남들과 비슷하게 살고 있다. 아니 비슷하게 살기 위해 노력했다. 그래서 다른 사람의 인생을 곁눈질하며 내가 어디쯤 가고 있는지 판단했다. 이제 남들처럼 살지만 그 안에 있는 별 볼 일 없는 내가 보인다. 평범하게 살고 있는 내가 초라해 보인다.

나는 30대에 결혼했다. 그리고 세 아이를 낳고, 경력이 단절된 여성, 흔히 말하는 '경단녀'로 살고 있다. 어느덧 내가 일을 한 경력보다 일을 쉰 경력이 더 길어졌다. 경력이 단절된 채로 사는 것보다 더 나를 괴롭힌 것은 꿈이 없다는 사실이었다. 올해 아홉 살인 첫째 아이의 꿈은 디자이너다. 의상 디자이너도 하고 싶고, 헤어 디자이너도 되고 싶어 한다. 아이는 두 가지를 모두 이루겠다는 포부가 있다.

아이가 "엄마, 엄마의 꿈은 뭐야?"라고 물었다. 나는 아이의 질문에 순간 당황했다. 꿈이 없었기 때문이다. 꿈을 가져야겠다는 생각도 없었다. 아이에게 뭐라고 대답해야 할지 몰랐다. 그래서 "엄마는 어렸을 땐 선생님이 되고 싶었어"라고 말했다.

아이는 선생님이라는 내 대답을 듣고 꿈을 이뤘는지 물었다. 나는 아빠와 결혼 전에 선생님을 했다고 말했다. 첫째 아이는 "그럼, 엄마는 꿈을 이뤘네. 나도 꿈을 이룰 수 있겠네"라고 말하며, 동생들이 놀고 있는 곳으로 달려갔다. "엄마는 꿈이 선생님이었대. 그런데 아빠랑 결혼하기 전엔 선생님이었대. 엄마는 꿈을 이뤘다. 그렇지?" 나를 보며 내게 확인 하는 듯 묻는 아이를 보며 어색한 미소를 지었다. 문득 마음 한구석이 불편했다. 이젠 나는 꿈이 없는 엄마였기 때문이다.

큰 목소리로 동생들에게 말했던 아이의 표정은 잊히지 않는다. 엄마 도 했으니 자기도 할 수 있다고 믿고 있었다. 자신도 꿈을 이루겠다며 디자인을 시작했다. 흰 종이에 종이인형의 옷을 그린 뒤 색칠해서 종이 인형에 입혔다. 엄마에게 종이인형에 입힌 자기의 결과물을 자랑했다. 꿈으로 빛나던 아이의 얼굴은 행복함이 가득했다.

아이의 웃는 얼굴을 보니 나는 어떻게 살고 있는 건가 싶다. 내가 잘 살고 있는 건가. 이따금 나를 찾아오는 생각이다. 나는 그냥 매일 살고 만 있었다. 눈을 뜨니 시작하고, 하루를 정신없이 보내다가 잘 시간이 되어 잔다. 의욕도 열정도 없다. 하지만 꿈 없이 살고 있단 사실을 인정 하긴 쉽지 않다. 다들 자신의 꿈과 미래를 꿈꾸며 말한다. 꿈이 없는 나 는 남들과 다른 것 같기 때문이다.

이런 마음이 들면 나는 내 자신에게 변명하기 바쁘다. 사는 게 바빠 꿈에 대해 생각하지 못했다거나 다들 나처럼 살고 있을 거라고 핑계를 댔다. 아이를 셋이나 낳아 키우느라 바빴다는 이유를 찾는다. 그리고 꿈이 있는 사람이 몇 명이나 있겠냐며 내 자신을 위로했다. 다들 이렇 게 산다고 합리화를 했지만 간혹 공허해진다.

이게 평범하게 사는 것이라고 생각했다. 다들 아내로, 엄마로, 가족을 챙기며 사는 인생이 평범한 것이라고 말했다. "다들 그렇게 사는데 뭔 걱정이야? 행복에 겨워 그런 생각도 하는 거지"란 대답에 할 말을 잃게

사랑합니다, 착한 사람이라는 말

된다. 복에 겨워 내가 이런 생각을 하는 건가 싶다. 그러면 '그래. 꿈이 왜 필요해? 잘 사는 게 중요하지'라고 생각하게 된다. 하지만 내 마음 한쪽에선 '꿈도 없는 인생이 무슨 의미가 있어?'라고 묻는다.

나만 하고 싶은 게 없고, 꿈도 없는 것 같다. 아내와 엄마로서 역할은 가족들의 건강을 챙기고 아이를 잘 키우는 거라고 생각했다. 그런데 나라는 사람은 그걸로 끝일까? 우연히 드라마에서 본 장면은 남편과 아이만 챙기던 엄마가 나이가 들고 흰머리가 늘어 할머니가 되었고, 가족들이 없는 텅 빈 집에서 내 인생은 뭐였을까 하며 우울해하던 장면이었다. 그 모습이 내가 될까 무서웠다. 지금 생활에 만족한다고 말하면서도 미래에 초라해진 모습이 될까 싶어 불안했다. 나만 이렇게 생각하며 사는 건지, 또 이렇게 살아도 되는 건지 묻고 싶었다.

계속 우울해하지 말고 내가 할 수 있는 것이라도 찾아보자고 마음먹었다. 그리고 매일을 바쁘게 지냈다. 관심 없던 재테크 공부도 시작하고, 책도 다시 읽기로 목표를 세웠다. 할 일을 찾아 했지만 여전히 나는 하고 싶은 것도 없었다. 뭘 해도 재미가 없고 삶이 지루했다. 앞으로 뭘 하며 살아야 할지 확신이 없었다. 죽기 전에 원하는 것을 찾을 수 있는지 예상조차 할 수 없었다.

그때 나는 '한국책쓰기강사양성협회(이하 한책협)'를 만났다. 한책협 카페에 처음 가입할 때만 해도 책쓰기란 남의 이야기라고 생각했다. 나는 국문학과 전공도 아니고, 글을 잘 쓰지도 못하는 평범한 사람이라 생각했다. 가입한 다른 사람들은 다들 자기의 일을 하고 있었다. 꿈이 있고 전문분야가 있는데 나는 아무것도 없었다. 전업주부에 자존감도 바닥인 나는 할 수 없을 것 같다. 꿈도 없는 내가 뭘 할 수 있을까? 머릿속은 그런 생각들만 가득 차 있었다. 늘 그랬듯이 어차피 해도 안 될 거라고 미리 포기했다.

그래서 책쓰기 일일특강을 신청해 듣고 있었지만 책쓰기 과정에는 등록할 엄두가 나지 않았다. 그때 김태광 대표 코치님의 말이 귀에 들어왔다.

"자존감이 낮은 사람일수록 책을 써야 합니다!"

하지만 여전히 내가 할 수 있을지 자신이 없었다. "저는 목숨 걸고 코칭합니다! 저를 믿고 하세요"라는 자신감 넘치는 말에 시작할 용기를 갖게 되었다. 1,100명의 작가를 배출한 대표 코치님이라면 다를 거라고 생각했다. 그리고 그 말대로 지금 나는 책을 쓰고 있다. 내가 나를 저평가할 때 대표 코치님은 "그렇게 생각하면 안 됩니다"라고 말해주셨다. 금세 포기하던 내가 이렇게 작가라는 꿈을 꾸고 있다. 가슴이 시키는 대로 하루를 살고 있는 건 그 덕분이다. 그동안 나는 간절히 이루고 싶은 꿈이 없었다. 하루, 한 달, 일 년이 지나도 달라지는 것은 없었다. 매년 한 해가 가면 내가 이룬 것이 없다는 생각에 후회했다. 자신의 일을 하는 친구들을 볼 때마다 나는 뭘 해야 할까 고민이 됐다. 전업주부란 말이 초라하게 느껴졌다. 하는 것 없이 집에서 먹고 노는 사람처럼 느껴졌기 때문이다. 이런 마음이 들 때면 의욕은 사라지고 초라함만 남았다.

어쩌면 내 인생을 별 볼 일 없다고 여겨온 건 나 하나였다. 지나온 과거를 돌아보며 부족한 내 모습에 초점을 맞추고 살아왔다. 걱정만 하며 내가 포기했던 순간들도 후회만 남겼다. 부정적인 내 모습만 모여 내 자신이 초라해진 것이다. 간절히 이루고 싶은 꿈이 없어 내 인생도 초라하게 보인 것이다. 나에게 책쓰기를 알려주신 김태광 대표 코치님은 그의 저서《150억 부자의 부의 추월차선》에서 이렇게 말한다.

"당신은 무기력한 메뚜기가 아니라 위대한 거인이다."

　인생이 초라하게 보이는가? 내 인생을 초라하게 생각하는 건 내 자신뿐이다. 내가 내 인생을 초라하다고 말하면 초라한 인생이 된다. 빛나는 인생은 남의 일이 되어버린다. 내 인생을 초라하게 만들 수 있는 건 나 자신뿐이다. 이제부터라도 나를 특별하게 여기자. 내 가슴이 뛰는 일을 찾아보자. 내가 작가의 꿈을 꾸듯이 당신도 꿈을 찾을 수 있다. 당신도 열정으로 당신의 인생을 반짝거리게 할 수 있을 것이다.

내가 변하지 않는 진짜 이유

SBS에서 방영된 <그해 우리는>이라는 드라마를 좋아한다. 유독 공감이 되는 대사가 많았다. 그중 하나가 이 말이다.

"불쌍하더라, 네 인생이. 뭐든 버리기 쉬울 만큼 네 인생은 별 거 아닌 거 같으니까. 그렇게 살면 뭐가 남냐. 네 인생은."

남자 주인공인 웅이 마음을 쑤시던 대학 동기의 한마디는 왜 내 마음에도 남았던 걸까? 이 말은 한동안 마음에 박혀 있었다.

나는 어렸을 때부터 포기가 빨랐다. 영어학습지도 일주일을 못 넘겼고, 피아노학원도 그만뒀다. 주산학원도 태권도학원도 그만뒀다. 그나마 제일 오래 다닌 건 미술학원이었다. 그마저도 3개월을 다니는 동안 미술

시간보다 선생님과 간식 먹으며 논 시간이 더 많다.

어렸을 적 나는 얌전한 딸이었다. 부모님은 내가 초등학교 때 우편취급소를 하셨다. 낮 동안 우편취급소 일로 정신없이 바쁘셨고, 문을 닫은 시간에도 부모님은 남은 일로 늦게까지 일을 했다. 동생과 나와 놀아줄 시간이 없었다. 동생과 나는 각자 놀았는데, 동생은 동네 친구들과 놀고 나는 책을 보거나 친구와 놀았다. 나는 언제나 많은 책을 읽었다. 우리 부모님은 넉넉지 못한 형편에도 우리가 볼 책에는 돈을 아끼지 않았기 때문이다. 저녁이 되면 아빠와 우편취급소 계단 앞에 나와 앉았다. 저녁준비를 기다리며 통기타에 맞춰 노래를 부르는 아빠를 보는 시간, 나는 그 시간이 가장 좋았다.

나는 혼자 있는 시간이 싫었다. 하지만 동생처럼 항상 친구와 어울릴 수 없었다. 동생은 지나가는 아이들에게도 스스럼없이 다가갔다. 나는 내성적이었다. 그래서 친구를 사귀는 것도 어려웠고 친구도 많지 않았다. 집에 혼자 있는 시간이 길어졌고, 그래서 학원에 다니겠다고 말했다. 학원에서 친구도 만나고 뭔가를 배워야겠단 생각이 들었다. 부모님은 며칠 생각해보겠다고 말했지만 내 고집에 결국 학원을 보내주셨다.

처음에 피아노학원에 다닐 땐 신이 났다. 새로운 것을 배우고 잘해야지 하며 마음이 부풀었다. 하지만 며칠 다녀보니 주변 아이들에 비해 나는 제자리걸음이란 생각이 들었다. 잘하는 친구들을 보니 친구들보다 내가 잘할 것 같지 않았고, 이대로는 부모님께 칭찬받을 것 같지도 않았다. 학원을 그만두고 싶단 생각이 들었다. 다른 친구가 선생님께 혼나는 모습을 보면 그 생각이 더 커졌다. 손등을 자로 맞는 친구를 보니 겁이 났다. 나는 더 못하니까 더 많이 혼이 날 것 같았다. 집에 돌아와 부모님께 피아노를 그만두겠다 떼를 썼다. 피아노학원에 등록해서 다니기 시작한 지 3일이 지났을 때의 일이다.

내가 노력한 시간보다 더 많은 결과를 원하니 제대로 다닌 게 없다. 그 이후로도 몇 개의 학원을 거쳤다. 생각해보면 뭔가를 배우고 싶단 마음보다 부모님의 관심을 받고 싶었던 것 같다. 무언가를 시작할 때 부모님이 내 이야기를 들어주는 게 좋았고, 결국 부모님의 주의를 끌기 위해 한 행동이었다.

나는 포기가 빨랐다. 칭찬받지 못할 것 같으면 쉽게 그만뒀다. 초등학생 어린 나이에도 시작하기 전에 내 노력의 양이나 시간이 얼마나 걸리는지 따져봤다. 내가 계산한 것보다 결과가 빨리 나오거나 잘하는 것만 하려 했다. 그래서 조금 해보고 안 될 것 같으면 그만뒀다. 해봤자 잘할 것 같지 않아서다. 잘하는 모습만 보여주고 싶었다. 잘해야 좋은 딸인 것 같았다. 못할 것 같은 건 아예 시작조차 하지 않았다. 칭찬받고 인정받을 수 있는 일만 찾은 셈이다.

부모님의 이혼 후 나는 동생과 할머니댁에 맡겨졌다. 내 자신이 사랑받지 못하는 사람이라는 생각이 들었다. 아무도 원하지 않는 사람이 된 것 같았다. 하지만 그 마음을 누구에게도 털어놓을 수 없었다. 다른 친구들에게는 평범한 친구이고 싶었다. 다른 사람에게 인정받고 싶은 마음은 더 커졌다. 그래서 속상한 일이 있어도 참고 지나갔다. 좋은 사람이 되면 다른 사람들이 나를 좋아해줄 것 같아서였다.

그래서 실패하는 일은 더 피했다. 내가 못하는 일이 나란 사람의 평가로 이어질 것 같았다. "쟤는 저것도 못하더라. 저런 것도 못해?"란 말이 두려웠다. 그 말로 내가 아무것도 못하는 사람이 되는 것처럼 여겼다. 그래서 먼저 나서서 하는 일이 없었다. 내가 나서서 하다 일이 잘못될까 두려웠던 것이다. 어떤 일을 해도 내가 잘하고 있다는 확신이 없었다. 다른 사람이 해주는 한마디에도 그 확신이 흔들렸다. 실수하면 큰일날 것 같은 기분이 들었다. 그래서 다른 사람에게 피해를 주지 않으려고 열심히 했다.

실수라도 하면 '왜 이것밖에 못했지' 하며 후회했다. 지나간 일만 떠올리며 자책했다. 다른 사람의 평가가 중요했기 때문이다. 그래서 거절도 어려웠다. 내가 손해를 보더라도 좋은 사람이라고 인정받고 싶었다. 내가 느끼는 나는 늘 다른 사람보다 부족한 사람 같았다. 내 결핍을 채우고 싶었다. 언제나 내게 부족한 점만 찾고 다녔다. 언젠가 내가 완벽해지길 바라며 헤맸다. 그렇게 내가 세상에서 가장 부족한 사람이란 생각 속에서 살았다. 나를 구해줄 사람은 어디에도 없을 것 같았다. 늘 자기연민에 빠져 있던 것이다. 밀리센트 펜위크(Millicent Pennwick)의 말처럼 자기연민은 파괴적인 감정이다. 자기 자신을 불쌍히 여기는 마음은 되풀이된다.

어린이집에서 일할 때 매년 새 학기가 시작되기 전에 1박 2일로 다함께 오리엔테이션을 했다. 1년간의 계획도 세우고 친목을 도모하기 위해서다. 그때 일이 기억난다. 그날 아침에는 모여서 자기 생각을 발표하는 시간이 있었다. 발표 주제가 적힌 질문지를 받았다. 나는 종이를 받고 당황했다. 존경하는 사람과 이유를 적어보라고 되어 있었다. 다들 바로 써내려가기 시작했다.

나는 그 모습을 보면서 한참 펜을 들지 못했다. '존경하는 사람이라니 누굴 적어야 하지? 내가 누구를 존경하고 있을까?' 생각했다. 앞이 깜깜했다. 아무것도 아닌 질문 하나에 어찌할 바를 몰랐다. 뭐라고 적고 사람들 앞에서 말해야 할지 걱정이 되었다. '다른 사람들은 다들 존경하는 사람이 있는 걸까? 누굴 존경하며 살아야 하나?'라는 불평이 들었다. 존경하는 사람이 없는 나는 이상한 사람이 된 것 같았다. 슬쩍 본 다른 사람의 종이엔 답이 채워져 있는 것 같았다. 내 앞에 있는 종이는 여전히 비어 있었다. 곧 발표를 시작하겠다는 말에 누굴 적을까 고민하다가 생각나는 위인을 적었다.

내가 첫 발표자였다. 나는 존경하는 인물로 신사임당을 말했다. 그리고 다른 사람들은 모두 "엄마"라고 말했다. "가족을 위해 고생하고 희생한 엄마가 제일 고맙고 존경스럽다"라고 말한 것이다. 그때 내가 왜 신사임당이라고 적었는지 알 수 있었다. 나는 계속 생각해왔던 것이다. 엄마가 나를 버렸다고 말이다. 그제야 외면하고 있던 마음을 깨달았다.

나는 언제든 버림받을 수 있는 사람이라고 나를 정의했다. 내가 노력하지 않으면 아무도 날 사랑해주지 않을 거라고 생각하며 살았다. 겉으로는 아무렇지 않은 척해도 마음 한구석에선 불안해하며 살았던 것이다. 스스로 세상에서 가장 불행한 사람이 나라고 생각하며 살았다. 그래서 내가 사랑받는 사람인지 확인받고 싶었던 것이다. 다른 사람들에게 끊임없이 내가 좋은 사람인지 물었던 이유를 알아차렸다.

나는 현재가 아닌 지나간 과거 속에서 살고 있었던 것이다. 그래서 내가 잘못한 일이나 후회만 되새기며 나를 작게 만들었다. 사랑받을 자격이 있는지 스스로에게 묻고 또 물었다. 내가 제일 불쌍하니 다른 사람이 나를 사랑해주고 구해주길 바랐다. 혼자 일어서기보다 나를 세워줄 사람을 찾았던 셈이다. 결국 이게 나였다.

끊임없이 과거를 원망하며 자신에게 변명한 것이다. 이건 누가 날 구해주지 않은 탓이라고. 날 사랑하는 사람이 없어서 내가 이렇게 된 거라고. 내가 변하지 않는 것을 외부의 탓으로 돌렸다. 핑계가 진실인 것처럼 나를 속이며 살았다. 그래서 실수도 실패도 두려웠던 것이다. 나를 구해줄 사람이 사라질까, 또 후회할까 무서웠던 것이다. 우리가 너무도 잘 알고 있는 헬렌켈러(Helen Keller)는 이렇게 말했다.

"자기연민은 최악의 적이다. 만약 우리가 그것에 굴복하면, 이 세상에서 선한 일은 아무것도 할 수 없다."

자기연민으로 가득 찬 사람은 스스로를 똑바로 바라볼 수 없다. 변할 수 없다. 언제든 내가 가장 비참하고 불쌍한 사람으로 여겨지기 때문이다. 늘 다른 사람의 도움을 바라지만, 그들이 내 인생을 바꿔주지 않는다. 내가 변해야 내 인생도 변한다. 내가 변하지 않았던 진짜 이유는 내 안에 있었다. 당신도 당신 안에서 그 이유를 찾기를 바란다. 내가 했듯이 당신도 그 이유를 반드시 찾을 수 있다.

2. 잊지 마, 넌 이미 좋은 사람이야

상처받은 과거의 나, 상처받은 내 아이

어느 날 저녁, 남편이 주방에서 조용히 물었다.

"너는 왜 첫째한테만 차가워?"

둘째 아이가 왜 우는지 들어주고 난 후 첫째 아이가 다가올 때 "나중에"라고 말하는 모습을 본 것이었다. 그 말을 듣는 순간 머릿속이 하얗게 변해버렸다. '나는 공평하게 대한다고 했는데 다른 사람 눈에는 아니었던 걸까, 내가 그랬나? 아이도 느꼈을까?'란 생각에 식은땀까지 났다. 그 순간에는 아무렇지 않은 척 "첫째는 받아주기가 힘드네. 동생들보다 다 큰 것같이 느껴져서 그런가…"라고 말하며 넘어갔다. 하지만 죄책감이 들었다.

잠자리에서 아이가 다가와 안기며 말했다.

"엄마 사랑해. 나는 엄마가 제일 좋아."

그 말을 들으며 아이의 따스한 체온을 느끼자 울컥 눈물이 났다. 내 행동에 상처받았던 아이에게 사과해야겠다는 생각이 들었다.

"엄마가 미안해. 잘해주려고 했는데, 엄마도 엄마가 처음이라 쉽지 않네. 정말 미안해."

아이는 가만히 내 말을 듣더니 "괜찮아, 엄마. 용서해 줄게"라고 말하며 다시 한 번 나를 안아주었다.

세상에 이런 쉬운 용서가 어디 있을까? 이렇게 다정한 용서가 어디 있을까? 아이는 고민 한 번 없이 나를 용서했다. 그 후로도 아이는 여러 번 거듭해서 나를 용서해줬다. '얼마나 많은 잘못을 아이에게 저지르고 있는 걸까? 내 아이를 사랑하는 게 맞는 걸까?' 하는 물음은 밤마다 나를 괴롭히고 잠 못 이루게 했다.

'나는 도대체 왜 그럴까, 나는 나쁜 엄마인가'란 질문에 스스로는 답을 찾을 수 없었다. 죄책감에 주변 사람들에게 물어보기도 했었다.

"나도 그래. 그런데 티를 안 내려고 노력하지."

주변의 이런 대답은 작은 위로가 되었다. 하지만 내 행동을 바꾸지는 못했다. 다들 그런 경험이 있다는 이야기, 아이에게 바로 사과하란 이야기, 일부러 더 사랑을 표현하라는 이야기는 내 물음에 대한 답이 아니었다. 답답해진 마음으로 무작정 부모교육 책을 뒤지기 시작했다. 책까지 쓴 사람들은 다른 답을 찾지 않았을까 하는 믿음 때문이었다. 그중 육아 멘토로 유명한 오은영 박사님의 저서 《화해》에는 이런 말이 나온다.

"아이는 부모에게 조건 없이 수용받아본 경험, 깊고 따뜻한 사랑으로 살아요. 아이는 부모에게 사랑받았던 기억으로 평생을 살아갈 힘을 얻습니다."

나는 얼마나 수용받아봤나 생각한 순간, 어린 시절 상처가 봇물 터지듯 터져 나왔다. 그동안 나는 내 상처를 외면하고 없는 것처럼 숨겼다. 평범하게 살고 싶은 나의 몸부림이었다. 나는 부모라는 이유 하나만으로 내 부모를 미워할 수 없었다. 버림받지 않기 위해 내 마음은 눌러두고 살았던 것이다. 밉다고 힘들었다고 고백하는 일은 생각조차 할 수 없었다. 아무렇지 않은 척, 괜찮은 척, 다 지나간 과거인 척하며 살아왔다.

내가 초등학교 6학년 때 부모님은 이혼하셨다. 어릴 적 초등학교 친구가 교실에서 이런 이야기를 했다.

"어젯밤에 엄마 아빠가 헤어지자고 했는데, 내가 울고불고 안 된다고 해서 해결되었잖아."

그렇게 웃으며 말하던 친구의 모습은 아직도 내 마음에 남아 있다. 나와 동생 앞에서 우리 부모님이 "이제 엄마 아빠가 떨어져 살 건데 엄마랑 살래? 아빠랑 살래?"라고 물었을 때 나는 아무 말도 못했다. 그랬던 내 모습이 친구와 비교되었다. 그때의 일은 내가 이렇게 행동했다면 달라졌을까? 저렇게 말했다면 다른 결과가 있었을까? 하는 비수가 되어 내 평생을 따라다녔다.

결혼 후 사랑받은 척 살고 싶었던 나는 아무에게도 이 이야기를 할 수 없었다. "이혼 가정에서 자란 아이들은 대부분 이혼하더라", "상처가 많아 어둡더라", "재혼 가정은 이렇더라" 하는 이야기는 듣고 싶지 않았다. 지금까지 키워준 엄마에 대해 수군거리는 소리도 듣고 싶지 않았다.

결혼 전 송탄에서 마지막으로 같이 일했던 선생님에게 고민을 털어놓았던 일이 생각난다. 내 이야기를 들은 선생님은 "나도 이혼 가정이지만 아무한테도 이야기 안 했어요. 이야기하지 마요"라고 말했다. 그 조언을 듣고 상견례 전 남편에게 어떻게 생각하는지 물어봤다. 남편은 잠깐 생각하더니 "말을 안 하는 게 좋겠다"고 했다. 시부모님은 다른 사람의 시선을 많이 신경 쓴다고 덧붙이면서. 그래서 나는 아무 말도 하지 않고 결혼했다. 나는 그저 평범하게 살고 싶을 뿐이었다. 아닌 척 입을 닫고 산 지 벌써 10년이 다 되어간다. 그동안은 잘 숨기며 살았다고 생각했다. 하지만 가끔 지나가는 말로 "친엄마가 아닌 것 같다"란 말을 들으면 마음이 이상하고 답답했다.

"당신 탓이 아니에요."

《화해》책 속에는 이런 문장도 있다. '내 탓이야, 내 잘못이야, 내가 더 잘했으면 뭔가 달라졌을 거야…' 끊임없이 자신을 비난했던 나에게 위로가 된 문장이다. 그리고 나를 돌아보게 되었다. 부모님이 싫은 건 아니다. 지금의 나보다 어린 나이에 부모가 된 그 상황을 생각하면 안쓰럽다. 그들이라고 왜 잘 살고 싶지 않았을까. 하지만 이런 마음도 든다. 부모님이 이혼한 건 내 잘못이 아닌데 왜 내가 낙인 찍혀야 하나.

내 아이만큼은 완벽한 가정에서 키우고 싶었다. 나는 내 상처를 아이에게 물려주고 싶지 않았다. 그 마음이 앞서 다른 사람의 눈치를 많이 봤다. 과거에서 벗어나지 못한 현실을 살았다.

하고 싶은 말을 못 하고 우는 큰아이의 모습을 보면 내 모습이 떠오른다. 매번 '잘해줘야지' 다짐하는 마음은 '왜 저렇게 답답하게 행동하는 거야'로 바뀐다. 그리고 다시 "또박또박 하고 싶은 말을 해야지"라며 아이 탓을 하게 된다. 어느새 나는 과거의 상처로 인해 현재의 소중한 내 아이에게 상처를 주는 사람이 되었다. 아이에게 무조건적인 수용이 아니라 "~하면 ~해줄게"라는 조건적인 사랑을 주고 있었다. 조건 달린

2. 잊지 마. 넌 이미 좋은 사람이야

사랑이 얼마나 아픈 건지 알면서도 되풀이하는 내가 미웠다.

나는 달라지고 싶었다. 같은 잘못을 반복하지 않고 더 나은 사람, 더 나은 엄마가 되고 싶었다. 월트 디즈니사의 영화 <라이온 킹>에는 이런 대사가 나온다.

"과거는 아픈 거지. 하지만 넌 그 과거로부터 도망칠 수도 있고, 무언가를 배울 수도 있어."

나는 더 이상 도망치고 싶지 않다. 나는 도망쳐봤고, 결코 도망칠 수도 없다는 것을 안다. 그럼 이제는 무언가를 배울 차례다. 배움에는 내 과거를 바라볼 용기가 필요하다. 물론 그런 용기를 내는 것은 쉽지 않다. 이 글을 쓰는 나에게도 쉽지 않다.

누구나 자신의 상처가 가장 아프다. 하지만 과거의 상처를 바라볼 용기가 있다면 변할 마음이 있는 것이다. 더 나은 사람이 될 수 있는 것이다. 매번 아이에게 상처를 주고 죄책감을 갖는 일을 반복하는 것은 그만해야 한다. 소중한 내 아이에게 상처를 줄 권리는 누구에게도 없다. 그게 엄마인 나라고 해도 말이다. 내 아이는 내가 아니다. 아이는 아이라는 이유만으로도 사랑받을 권리가 있다. 행복할 권리가 있다. 내 아이에게 상처를 입히는 사람이 아이가 가장 믿는 엄마인 내가 되면 안 된다. <라이온 킹>에는 이런 말도 나온다.

"과거는 흘러갔고 어쩔 수 없는 거야. 세상이 널 힘들게 할 때 신경 끄고 사는 게 상책이야."

과거에 대한 사전적 정의는 '이미 지나간 때'다. 내 과거는 지나간 일이다. 내가 붙잡고 있다고 해서 다시 돌아오지 않는다. 타임슬립은 드라마, 영화에서나 나온다. 아이에게 한 행동을 후회하며 죄책감을 갖는 것은 과거 속에서 사는 걸 되풀이하는 것이다.

어느 날 아이에게 물었다. "엄마가 왜 좋아?" 아이는 망설임 없이 "엄마니까"라고 대답했다. 아이가 엄마를 믿는 마음은 견고하다. 그 믿음은 매일의 오늘을 후회 없이 살아가고 싶다는 결심을 하게 한다. 아이의 미소를 보고 마주보고 웃어주고 싶다. 아이가 울 땐 가슴으로 안아주는 엄마가 되고 싶다. 왜 내가 변하고 싶은지 궁금한가? 나는 내 아이의 엄마니까.

내 마음이 달라지면 내 환경도 달라진다

환경이 달라지면 내 마음도 달라진다. 우리는 잊고 사는 것이 많다. 우리의 일상도 그렇다. 일상이 얼마나 소중한지 우리는 잊고 살았다. 나도 그랬다. '코로나'라는 이 시기가 그 일상의 소중함을 발견한 계기란 생각이 든다. 늘 지내왔던 평범한 일상 생활이 이제는 어려운 일이 되었다. 아이들이 어린이집에 가고 학교에 가는 것은 당연하다. 그런데 코로나는 이런 당연했던 것들도 당연하지 않은 일로 만들었다. 하루가 다르게 휴교 소식이 들려오고, 휴원 결정이 내려진다. 견학을 가고 소풍을 가는 일도 언제쯤이면 다시 가능할지 알 수 없다. 나도 친구들을 만나고 모임을 가졌던 때가 언제였나 싶다.

또 달라진 것이 있다. 예전에는 마스크를 쓴 사람을 보면 몸이 아프다고 생각해서 피해 다녔다. 이젠 마스크를 끼지 않은 사람을 만나면

사양합니다, 착한 사람이라는 말

멀리한다. 같은 마스크를 낀 모습도 이렇게 다르게 느끼게 되었다. 처음엔 마스크를 끼고 다니는 것이 어색했는데 이젠 마스크를 한 모습이 더 자연스럽다. 아이들도 외출할 때는 당연하게 마스크를 찾는다. 이런 모습을 볼 때마다 내가 마스크를 벗고 살았던 적이 있었나 싶다. 마스크가 당연한 일상이 되었다. 앞으로도 마스크 없는 날은 오지 않을까 두렵다.

나를 둘러싼 모든 것은 내 환경이 된다. 나라, 지역, 집, 학교, 직장, 가족과 친구 등, 내가 어떤 사람인지, 어떻게 살아왔는지 그 환경을 보면 대략 알 수 있다. 내 환경은 또 앞으로 내가 어떻게 생활할지도 알 수 있게 해준다. 그래서인지 우리는 자라온 환경을 중요시 여긴다. 결혼할 때도 집안이 어떤지 보는 것처럼 말이다. 요즘은 금수저나 흙수저 같은 말로 배경을 나누기도 한다. 금수저는 계속 금수저로, 흙수저는 그 자녀까지 계속 흙수저로 살게 될 거라고 말한다. 타고난 환경이 더 이상 변할 수 없다고 여기는 것 같다.

세상을 살아가는 데 타고난 환경이 전부라고 말한다면 우리는 더 이상 할 수 있는 것이 없다. 이미 주어진 환경이 변하지 않는다면 달라지는 것이 없기 때문이다. 하지만 다행스럽게도 세상은 그렇지 않다. 같은 환경 속에서도 내 마음에 따라 다르게 보일 수 있다.

어떤 물건을 사려고 마음을 먹었을 때를 떠올려보자. 내 경우, 계절이 바뀔 때 신발을 산다. 여러 켤레 신발을 사도 내 발에 잘 맞는 신발만 신는다. 신었을 때 편한 신발만 자주 찾는다. 선호하는 신발만 신고 다니면 신발 밑창이 닳아 더 이상 신을 수 없다. 철이 바뀌면 새 신발을 구매할 때가 다가오는 것이다.

평소엔 관심 없던 신발도 그때가 되면 관심사가 된다. 지나가는 사람들이 신은 신발을 유심히 보게 된다. 어떤 디자인인지 브랜드는 어떤 건지 착화감은 어떨지 생각한다. 갑자기 텔레비전 속 신발광고도 보인다. 여태껏 저런 광고가 나오는 줄도 몰랐다. 지인이 신고 있는 신발도 눈길이 간다. 신고 있는 신발에 대해 물어보고 요즘 어떤 신발이 좋은지도 묻는다. 인터넷을 검색하며 신발 리뷰를 찾아서 읽어본다. 사이즈는 정사이즈인지 크게 나왔는지 체크한다. 그리고 신발가게에 가서 직접 보고 직원이 신는 신발을 유심히 본다. 내가 고른 신발을 직접 신어본다. 이 신발들은 마법처럼 나타난 것이 아니다. 원래 다른 사람이 신고 다니고 있었고, 광고도 계속 나오고 있었다. 내가 보려고 하지 않았기 때문에, 내 관심이 없었기 때문에 내 눈엔 보이지 않았던 것이다. 스쳐 지나간 것이다.

그럼 나는 언제까지 흥미가 있을까? 평생 신발만 보고 살지는 않을 것이다. 이 관심은 내가 마음에 드는 신발을 살 때까지다. 일단 신발을 사게 되면 이젠 신발에 관심이 없다. 더 이상 찾아보지도 물어보지도 않게 된다. 갑자기 모든 신발이 사라져서 안 보이는 것이 아니다. 내가 의식하지 않아 보이지 않게 되는 것이다.

세상의 모든 일이 그런 것 같다. 내가 아프면 아무것도 하고 싶지 않다. 누워 있으니 마음이 우울하고 슬퍼진다. 의욕이 없다. 이불 속에 틀어박혀 있으면 남들이 뭐라 하는지 세상에 어떤 일이 일어나는지 관심이 없다. 계절도 나완 상관없는 일이다. 이불 안에선 밖에 벚꽃이 피는지 비가 오는지 알 수 없다. 스쳐 지나가는 일이 된다.

내가 건강해지고 마음이 여유로우면 그제야 보이기 시작한다. 마음에 들어온다. 내 시선을 둬야 안다. 밖에 나가봐야 느낄 수 있다. 향기로

운 꽃향기, 바람에 나뭇잎이 흔들리는 소리, 바람결에 날리는 꽃잎들이 내 현실이 된다. 내 세상으로 들어온다. 얼마나 아름다운 일인지 그제야 마음속으로 느끼게 되는 것이다. 따뜻한 봄바람과 작은 들풀들이 보이게 된다. 세상이 얼마나 아름다웠는지, 같은 세상도 달라 보인다.

내 마음은 중요하다. 많은 사람들이 지금의 모습보다 더 나아지길 바란다. 작년보다 월급이 많아지길 바라고, 집이 없는 사람들은 내 집이 생기길 바란다. 내일은 지금보다 더 행복해지고 더 기쁨이 넘치길 바란다. 내 인생에도 행운이 따르길 간절히 바란다. 온통 내가 바라는 것들로만 마음이 가득 찬다. 그러면 마음의 여유가 없어지기 마련이다.

마음의 여백이 없으면 같은 일도 다르게 받아들인다. 매년 오르던 집값도 내 마음에 따라 내 집 마련의 기회를 박탈당한 것 같이 느껴진다. 내일은 더 행복할 거란 희망의 메시지도 '내일이라고 뭐 달라지겠어?' 하며 부정적이게 된다. 삶의 소중함을 잃는다.

어렸을 적 나는 쪼그려 앉아 토끼풀을 뒤지며 네잎클로버를 찾았다. 신이 나서 풀을 뽑고 나니 세잎클로버인 경우도 많았다. 그럼 실망하며 세잎클로버를 버렸다. 수두룩한 세잎클로버 대신 특별한 네잎클로버를 찾고 싶었다. 네잎클로버의 꽃말은 행운이다. 세잎클로버의 꽃말은 행복이다. 나는 행운의 네잎클로버를 찾으려고 수많은 행복을 놓치고 있던 셈이다.

모든 건 내 마음에 있었다. 내가 어디를 보느냐에 따라 달라진다. '부처의 눈엔 부처가 보이고 돼지의 눈엔 돼지만 보인다'는 말이 괜히 나온 것이 아니다. 내가 어떤 마음으로 세상을 바라볼지 정할 수 있다. 어떤 사람을 볼 때 단점만 보고 비난하려고 들면 나에게 그 사람은 나쁜 사람일 뿐이다. 반대로 좋은 점만 보고 칭찬하려고 하면 나에겐 좋은 사람이 된다.

이런 경험은 또 있었다. 예전에 입관 체험을 한 적이 있다. 제일 먼저 유서를 적는 시간이 있었다. 날이 더 어두워지면 한 그룹씩 성당으로 내려갔다. 어둑한 성당에 초가 켜 있다. 안내를 받아 가보니 한쪽 구석에 관이 있었다. 한 사람씩 관에 들어가는 입관 체험을 한다.

내 차례에 준비된 관에 들어가 눕자 관 뚜껑이 천천히 닫히기 시작했다. 점점 닫히는 관 뚜껑을 보면 두려움이 생긴다. 내가 누워 있는 안쪽이 어두워지기 때문이다. 마침내 깜깜해진다. 어두컴컴한 관 속에서 내 숨소리만 들린다. 애도하는 목소리가 들리면 정말 내가 죽은 사람이 된 것 같다.

관 밖에서 쾅쾅 못질을 하는 소리가 들린다. 내 심장도 쿵쾅 뛰었다. 눈을 감으면 밖에서 사람들의 말소리가 들려온다. 내가 얼마나 좋은 사람이었는지 이야기하며 슬퍼하는 목소리가 들린다. 그동안 내가 살아왔던 시간들이 주마등처럼 스쳐 지나간다. 5분도 채 지나지 않았지만 관 속에선 시간이 아주 천천히 흐르는 것 같다. 긴 5분이 지나고 관 뚜껑이 열리면 나도 모르게 안도의 한숨이 새어 나온다. '아, 내가 살아 있구나'란 생각이 든다. 입관 체험 후 다시 읽어본 유서는 쓰기 전과 다른 느낌이다. 입관 전 유서는 내게 부족하다고 느낀 것들과 되돌리고 싶은 일을 후회하는 내용이었다. 그리고 남은 사람들이 잘 지내길 바라며 적었다.

관 속에서 내가 느낀 감정에는 두려움과 후회도 있었다. 하지만 그게 다는 아니었다. 체험 후 다시 적은 유서의 내용은 달라졌다. 내 주변에 있는 것들을 다시 생각하는 계기가 되었다. 입관 체험 후 세상은 다르게 보였다. 소중한 사람들에 대한 감사와 사랑을 표현해야겠다는 마음이 들었다. 그리고 잊고 있었던 것이 생각났다. 내가 가지고 있는 게 얼마나 소중한지 떠올렸다. 모든 것에 감사하는 마음이 생겼다.

내 눈이 달라지면 모든 것이 달라진다. 평소에 불평하던 일에도 감사하는 마음이 생겨난다. 이 감사는 새로운 것에 대한 것이 아니다. 관점만 달라졌을 뿐이다. 나를 응원해주는 사람들, 내 기분을 달래주는 달콤한 간식, 내가 편히 있을 수 있는 집 등, 내가 지나쳤던 모든 것들에 대해, 또 작은 일 하나에도 감사하는 마음이 생긴다. 내가 변해야 보는 게 달라지고 세상이 달라진다. 세상을 오목렌즈로 보는지 볼록렌즈로 보는지에 따라 달라지고, 초점 하나의 변화가 내가 보는 이 세상을 다르게 느끼게 만든다. 내 마음은 내 우주를 바꾸는 시작이다. 가장 작은 변화의 시작이면서 동시에 가장 큰 변화는 내 마음이다. 내 마음이 달라지면 내가 보는 것들이 달라지는 것이다.

영국의 문학 평론가 존 러스킨(John Ruskin)은 이렇게 말했다.

"햇빛은 달콤하고, 비는 상쾌하고, 바람은 시원하며, 눈은 기분을 들뜨게 만든다. 세상에 나쁜 날씨란 없다. 서로 다른 종류의 좋은 날씨만 있을 뿐."

잊지 마, 넌 이미 좋은 사람이야

　내가 초등학교 때 유행하던 것이 있다. 작은 요구르트 병이다. 다들 작은 요구르트 병을 가방에 매달고 다녔다. 만드는 방법도 간단하다. 먹고 난 빈 요구르트 병 한쪽에 구멍을 뚫는다. 그리고 병을 뜨거운 물에 넣는다. 그러면 플라스틱 요구르트 병은 점점 찌그러져 작아진다. 더 이상 작아질 수 없을 만큼 쪼그라진 병을 물에서 꺼낸다. 구멍에 끈을 끼워 가방에 달고 다녔다. 가끔은 내가 그 요구르트 병 같다는 생각이 든다. 이미 작아져 원래의 모습으로 돌아가기 힘들 것 같다.

　매일 밤 자기 전 오늘 있었던 일을 떠올렸다. 그리고 후회를 한다. '이럴 걸, 저렇게 행동할 걸' 하는 내 행동에 대한 자책이다. 매일 지나간 일을 되돌리고 싶단 생각이 든다. 다른 사람과 있었던 일을 바꾸고 싶고, 찌질한 나를 바꾸고 싶다.

다음 날 아침이 되어도 마음이 불편하다. 어제 원망했던 사람을 오늘 다시 만날 생각에 답답하다. 빈속인데도 소화가 되지 않아 배를 문지르며 출근한다. 그 사람을 만나면 아무렇지 않은 척 웃으며 인사한다. 밝게 인사를 받는 상대편의 모습을 보면 속이 꼬인다. 웃으며 이런저런 말을 하는 내 모습이 가식처럼 느껴진다. 겉과 속이 다른 사람이 된 것 같다. 이런 게 사회생활인가 싶다가도 내 자신이 가식덩어리가 된 것 같다.

밝은 척하는 게 가식적이라 느끼면서 나는 모든 일에 소극적으로 변했다. 다른 사람이 나댄다고 하지는 않을까, 실수하지 않을까 걱정했다. 일을 시작하기 전에도 걱정 때문에 한참을 고민했다. 일을 하는 와중에 내가 계획한대로 진행되지 않으면 당황했다. 변수가 생길 때마다 제대로 대처하지 못한 내 모습만 기억에 남는다. 일을 마무리하며 '왜 더 잘하지 못했을까? 왜 못했을까?'라는 생각을 하며 나를 나무랐다.

나는 나를 인정해주지 않았다. 스스로 잘하고 있다고 말해주지 않았다. 나에게 인정받지 못한 마음은 다른 사람이 채워주길 바랐다. 다른 사람에게 칭찬받고 인정받으려고 노력한 것이다. 칭찬을 받으면 기분이 날아갈 것 같다가도 더 잘해야 할 것 같은 부담을 느꼈다. 기쁨과 부담감이 함께 왔다. 이런 내 자신이 이상하다고 여겨지면서도 기대에 어긋나지 않으려고 애를 썼다. 항상 다른 사람에게 좋은 사람이 되고 싶었다.

다른 사람에게 "너 잘해. 잘하고 있어"란 말을 들으면 어느 순간부터 이런 생각이 들었다. '내가 잘해서 칭찬받는 게 아니라 용기 내라고 그렇게 말하는 걸까? 나 진짜로 잘하고 있나?' 하는 생각이 들었다. 다른 사람의 눈치를 보며 다른 사람의 의도까지 곡해했다. 온통 못난 생각뿐이었다.

"살은 어느 날 찐 게 아니고 어느새 찐 거다. 그걸 어느 날 발견한 거다"라는 말을 들었다. MBN 방송의 프로그램 <모두의 강연 가치 들어요>에서 김창옥 강사가 한 말이다. 그 말처럼 나도 어느 날 못난 내가 된 게 아니었다. 나는 계속 찌그러지고 있었고, 작아지고 있었다. 다른 누구도 아닌 내가 나를 그렇게 만들고 있었다. 그걸 어느 날 발견했을 땐 '죽고 싶다'고까지 생각했던 것이다. 그동안 나에 대해 나는 모두 나쁜 생각뿐이었다. 그것을 알아차렸을 땐 내 탓을 하는 게 습관이 된 후였다. 내 속마음을 말하면 다른 사람들은 이렇게 말하곤 한다. "뭘 그렇게까지 생각해. 원래 다들 그래. 그렇게 살아. 그냥 대충 넘어가."

대충 넘어가는 건 어떻게 해야 하는 걸까? 부정적인 생각에서 벗어나야 하는데, 그건 어떻게 하는 걸까? 왜 나만 이렇게 사는 건가 하는 생각을 하다 보면 자기연민으로 가득 차게 된다. 이런 나를 부정적인 생각으로부터 꺼내는 것이 쉽지 않다. 내가 살아온 시간만큼 오랜 시간 굳어졌기 때문이다. 다른 사람을 탓하는 것보단 내 탓을 하는 게 낫다, 남을 원망하는 것보단 나를 원망하는 게 낫다고 여겼다. 어느새 나는 나를 구박하는 사람이 되어 있었다. 다른 사람보다 내가 항상 부족하고 못났다고 생각했다.

"인간은 누구나 스스로 의미를 부여한 주관적인 세계에 살고 있지. 객관적인 세계에 사는 것이 아니라네."

기시미 이치로(岸見一郎), 고가 후미타케(古賀史健) 저자의 《미움받을 용기》에 나오는 말이다. 내가 살아가는 세계는 어떤 것이었을지 생각해봤다. 나는 타인의 잘하는 모습에만 시선을 두고 나를 그렇게 만들어야 한다고 생각했다. 내가 만든 세계의 주인공은 내가 아니다. 주변 사람들을 주연으로 세워두고 나는 지나가는 엑스트라로 살았다. 내가 주인공이 아닌 세계에서 살다 보니 다른 사람의 말에 흔들렸다. 여러 사람이 아무리 내가 좋은 사람이라고 말해줘도 들리지 않았다. 한 사람이라도 내가 나쁘다고 하면 그게 진실이라 생각했다. 나에 대한 나쁜 평가가 전부라 여기며 나 자신을 부족한 사람이라 생각했다. 내 노력이 부족해 모두에게 좋은 사람이 될 수 없다고 여겼다.

내가 잘하는 건 없다고, 부족하다고 여기며 사는 건 행복하지 않다. 늘 허기진 마음이 든다. 항상 사랑받고 싶은 마음이 들고 확인하고 싶다. 이렇게 사는 건 정말 힘든 일이다. 다른 사람에게도 나에게도 피곤한 일이다. 점점 세상과 단절되어 간다. 야단만 맞고 사는 아이는 기가 죽는다. 평생 스스로를 비난한 나도, 비난을 받은 나도 풀이 죽는다. 내가 나를 함부로 대하니 다른 사람이 나를 함부로 대해도 아무런 말도 못한다.

나는 그럴 만한 사람이라고 생각했다. 내가 나를 사랑하는 데도 자격이 필요하다 여겼다. 내가 부족하면 사랑받을 자격이 없다고 생각했다. 행복에도 조건과 자격이 있다고 여겼다. 다른 사람은 있는 그대로도 좋은 사람이라 여기며 살았다. 하지만 나는 있는 그대로는 좋은 사람일 수 없다고 생각해왔다.

결혼 후 아이를 낳았다. 목이 늘어난 티를 입든 무릎이 나온 바지를 입든 아이는 말했다.

"우리 엄마가 제일 예뻐" 하고 항상 먼저 달려와 안기며 말했다. 또,
"우리 엄마가 최고야. 나는 우리 엄마가 세상에서 제일 좋아"라고도
해줬다. 아이를 야단치고 울린 뒤에 눈물을 흘리며 미안하다고 말하는
엄마를 보고도 괜찮다고 말해준다. 용서하며 안아준다. 밤만 되면 "나
는 엄마 품이 가장 좋아. 따듯해"라며 품에 안겨왔다.

아이란 존재는 내겐 이상한 존재였다. 나를 가장 좋은 사람으로 만들
어주었다. 부족하다고 생각한 나를 항상 사랑해주었다. 내가 "힘내"라
고 말하면 "엄마도 힘내"라고 마주 응원해주었다. 속상할 땐 품에 안고
등을 쓸어주면 눈물을 닦고 "이젠 괜찮아"라고 웃어주었다. 나도 누군
가에게 힘이 되어줄 수 있다는 걸 깨달았다. 내가 좋은 사람이라 인정
받으려고 애썼던 사람들은 내가 손을 놓으면 끊어졌다. 그렇게 단절된
관계로 인해 좋은 사람이 될 수 없다 생각했다. 그런데 아이들은 내가
더 좋은 사람으로 있게 해주었다.

나로 인해 행복하다는 아이들이 있다. "엄마가 있어 너무 좋아. 엄마
고마워"라고 말해주었다. 나는 자격이 없는 게 아니었다. 내가 좋은 사
람이라는 걸 깨닫게 해주고 용기를 주었다. 내 세계의 중심을 다시 나로
만들어주었다. 나는 좋은 사람이었다.

"동굴을 지나온 사람이라야 동굴을 안다. 동굴 밖의 햇빛의 눈부심
을 안다."

이정하 시인의 시집 《너는 눈부시지만 나는 눈물겹다》에 수록된 시
중 <밖을 향하여>라는 시의 일부분이다.

진정한 나를 발견해주는 건 어렵다. 그래도 그 가치가 있다. 내가 지

나왔기에 잊지 않을 수 있다. 나는 다른 사람들에게 좋은 사람이 되려고 애쓰는 사람이었다. 나는 좋은 사람으로 살기 위해 노력하던 사람이었다.

우리는 그동안 좋은 사람이었지만 스스로 인정해주지 않았다. 나를 알아주려 노력하지 않았다. 좋은 점 대신 나쁜 점만 보며 살았다. 내가 나를 인정해줘야 진정한 내가 보인다. 나는 충분히 노력했고 내가 바라는 사람이 되었다. 내가 좋은 사람이라는 사실을 계속 외면했을 뿐이었다. 스스로에게 잊히는 사람이 되지 말자. 이젠 노력하고 있는 나를 알아봐줄 때이다. 당신과 나는 잘하고 있다.

잊지 말고 기억해주자. 나와 당신은 이미 좋은 사람이란 걸.

3장

남에게만 좋은 사람은
그만하겠습니다

남에겐 관대한 잣대, 나에겐 가혹한 잣대?

대부분의 사람은 이중잣대를 가지고 있다. 나에겐 너그러우면서 다른 사람에겐 엄격하다. 한마디로 '내로남불'이다. 나도 나만의 잣대가 있다. 그 잣대에 따라 행동하는 나를 보고 사람들은 마음이 넓다 말한다. 그리고 인간관계가 원만한 사람이라고도 말한다. 다른 사람의 실수에 늘 괜찮다고 말하기 때문이다.

우리는 누구나 자신만의 관점으로 세상을 바라본다. 내가 어떤 마음의 눈으로 보는지에 따라 같은 일도 다르게 보인다. 이런 관점은 우리가 생활하는 데 많은 영향을 준다.

컵에 물이 절반이 담겨 있는 한 장면도 다르게 받아들인다. 어떤 사람은 절반의 물을 보고 "반이나 남아 있네"라고 말한다. 또 다른 사람들은 "반 밖에 없잖아"라고 말한다. 같은 모습을 보고도 긍정적인 반응과 부정적인 반응으로 나누어지는 것이다.

　사람을 볼 때도 마찬가지다. 한 사람을 보고 좋은 점을 먼저 보고 말하는 사람과 나쁜 점만 말하는 사람이 있다. 좋은 점만 바라본다면 좋은 사람으로 보이고, 그 사람의 단점만 찾아낸다면 그 사람을 만나는 것조차 싫어진다. 내가 다른 사람을 바라보는 관점에 따라 관계를 맺고 끊는다. 그리고 나는 다른 사람들은 모두 자신만의 좋은 점을 가지고 있다고 생각하며 살았다.

　나만의 잣대에 따라 생활하면 책임감이 있고 친절하다는 소리를 들었다. 내 잣대는 다른 사람에겐 너그럽고 나에겐 엄격하기 때문이다. 이 관점으로 보면 다른 사람의 행동은 언제나 긍정적인 면이 있다. 부탁을 해도 그럴 수 있는 일이다. 하지만 나는 다른 사람에게 부탁하지 않는다. 나 혼자의 힘으로 해야 한다고 여긴다. 도와달라고 할 시간에 더 노력해야 된다고 생각한다. 나 혼자 하다 보면 가끔은 문제가 생긴다. 그럼 어쩔 수 없이 다른 사람의 도움을 받아 해결한다. 도움을 받은 나는 능력이 없단 생각이 든다. 내가 무능력해서 문제가 생긴 것 같다. 다른 사람이 했다면 더 나은 결과가 있었을 거란 후회를 한다. 다른 사람에 비해 내가 부족한 것 같아 속상하다.

　실수를 바라볼 때도 나와 다른 사람의 실수는 다르다. 다른 사람이 실수를 하면 그럴 수도 있는 일이라 생각한다. 실망하는 상대에게 "매일 하는 실수도 아니고, 어쩌다 한 번인데 그럴 수도 있지"라고 말한다. 하지만 내가 실수를 했을 땐 용납이 안 된다. 나는 해서는 안 되는 실수라고 말한다. 내 자신에게 "이 정도도 못하는데 뭘 할 수 있어?"라고 말해왔다. 그러면 '그래. 왜 자꾸 실수만 하지? 나는 안 되나 봐'라는 마음의 소리가 들린다.

다른 사람과 관계에서도 나에게 엄격하다. 다른 사람이 마음을 상하는 말을 하면 이렇게 생각한다. '쟤가 말은 저렇게 해도 알고 보면 좋은 사람이야. 말만 저렇지, 속은 따뜻한 사람이야'라고 그 사람의 행동을 변명한다. 저 사람은 좋은 사람이니까 내가 참고 넘어가야 한다고 스스로에게 말하는 것이다. 마음이 불편한 건 내가 속 좁은 사람이라 그런 거라고 생각한다.

내 행동으로 다른 사람과 관계가 소홀하게 되면 '이런 말은 하지 말아야지. 도대체 왜 그랬어?'라고 스스로를 타박하기 시작한다. 내가 잘못한 일을 되뇌며 이렇게 말하는 것이다. "이건 다 내 탓이야"라고. 언제나 기승전 내 탓인 셈이다.

살다 보면 나도 화가 나는 상황이 생긴다. 화가 난 상황에도 내가 예민하게 생각하고 있는지 따져보게 된다. '화를 내도 되나, 내가 잘못한 건 없었나, 내가 오해하는 건 아닐까?' 내가 화를 낼 자격이 있는지 스스로 물었고, 이건 누가 봐도 화가 난다는 상황에서만 겨우 화를 냈다. 화를 낼 수 있는 이유를 찾는 것이다. 왜냐하면 다른 사람과 나는 상황이 다르다는 생각을 했기 때문이다.

그러다 보면 번번이 상황은 흐지부지 끝난다. 화를 낼 타이밍을 놓친 것이다. 뒤늦게 화가 나지만 상대방에게 화를 낼 순 없게 된다. 이미 지난 일이기 때문이다. 뒤늦게 화를 내면 "이미 지나간 일에 왜 화를 내?"라는 말을 들을 것 같다. 다른 사람의 눈치를 보며 화를 참는다. 화낼 눈치를 보는 내 자신이 한심하다. 타이밍을 놓친 화는 늘 내게로 돌아온다. 왜 나는 제때 받아친 적이 없는지 어이없다. 속상하다고 눈물부터 흘리는 내가 한심했다.

나는 다른 사람에게 필요한 사람이 되어야 한다고 생각했다. 인정받는 사람이 되고 싶었다. 그러려면 지금보다 더 나은 사람이 되어야 한다고 여겼다. 그 방법이 내 단점을 고치는 일이라 생각하고 바꾸려고 했다. 모난 곳 없는, 누구나 원하는 사람이 되기 위해서다.

다른 사람과 나라는 사람을 끊임없이 비교하면서 그들은 다 좋아 보인다. 상냥하고 일도 잘한다. 하지만 정작 나는 뭘 잘하는지, 좋은 점이 있는지 모르겠다. 그래서 무조건 열심히 하겠다 마음먹으며 '나는 어떤 점이 좋은지 모르니까 성실하기라도 해야지'라고 생각했다. 부지런한 사람을 싫어할 사람은 없을 거라는 믿음이었다.

일을 할 때는 열심히 하지만 잘하고 있는지 모르겠다는 생각이 자주 들었다. 다른 사람의 장점은 눈에 잘 들어온다. A선생님은 피아노를 잘 치고, B선생님은 아이들 지도를 잘한다. 그런데 나는 교사로서, 나라는 사람으로서도 잘하는 것이 있는지 고민이었다. 잘한다는 칭찬을 들었지만 내 스스로는 부족한 것 같다. 나만 하는 게 아니라 모두 다 잘하는 것이라 생각되었다. 그래서 나만이 할 수 있는 일을 찾아다녔다. 가만히 혼자 앉아 있으면 하는 게 없는 사람처럼 느껴졌다. 내가 게을러 보였다. 일을 할 때도 서서 하게 되고 창고정리도 도맡아 했다. 내 쓸모를 열심히 증명한 셈이다. 그리고 수많은 계획을 세웠다. 아침이면 하루 일정을 빼곡하게 작성해서 내가 한 일을 체크하며 그 리스트를 지워나갔다. 해야 할 일은 많지만 이 정도는 당연하게 해야 하는 것이라 여겼다.

할 일을 모두 끝낸 날은 다행이란 생각이 든다. 리스트를 모두 지운

날보다 그렇지 못한 날이 더 많고, 그런 날 종이를 보면서 드는 생각은 '왜 더 바쁘게 움직이지 못했지'란 질책이다. 내일은 오늘 못한 것까지 해내야 하니 일이 더 많아지고, 마음의 부담감은 커진다. 그럴 때마다 지친다는 생각이 들었지만, 그럴 때도 내 마음과 싸웠다.

쉬고 싶단 생각이 스칠 때면 충분히 쉬었다고 스스로에게 말했고, 아무것도 안하고 싶다는 생각이 들 때면 세상에 하고 싶은 일만 하고 사는 사람은 없다고 또 스스로에게 말했다. 불안하단 마음이 들면 불안하지 않게 더 철저하게 준비하라고, 그렇게 끊임없이 나를 책망해왔다.

이렇게 나아지려고 노력하고 있는데 변한 게 없단 생각이 들면 우울해졌다. 제자리걸음 중인 내가 바보 같다. 답답한 마음이 들고 왜 이렇게 사는지 모르겠다. 이렇게 살고 있는 내가 문제인 것 같다. 내 노력이 부족한 건가란 생각도 든다. 매일같이 나를 탓하고 나무라기만 했고, 내 인생은 왜 이리 잘 풀리지 않는지 속상했다.

아이를 키워본 사람이라면 안다. 야단만으론 아이가 잘할 수 없다는 걸. 칭찬이 아이에게 얼마나 중요한지 말이다. 그런데 나는 내 자신에게 너그럽지 못했다. 내 자신이 시험지라면 빨간색 빗금만 보일 것이다. 내가 매겨온 나의 점수다. 끝없이 빨간색 빗금을 쳐왔다. 동그라미보다 빗금이 먼저 눈에 들어왔고, 더 잘하라고 야단만 쳐왔다. 하나만, 또 하나만 더 잘하면 되는데 왜 못하냐고 다그쳐온 것이다. 모든 잘못을 내 탓이라 생각하며 죄책감을 갖고 살아왔다.

문득 남이었어도 내가 나를 이렇게 탓했을까 생각해본다. 다른 사람이 지금 내가 하는 고민을 말한다면 나는 뭐라고 말할까? 모든 잘못이

네 탓이라고 말하진 않을 것이다. "왜 그것밖에 못했어?"라고 말하진 않을 것이다. 괜찮다고 다음에 더 잘하면 된다고 말할 것이다. 기죽지 말라고 안아주고 위로할 것이다. 왜 나한테만 이렇게 모질게 행동했던 걸까? 왜 나한테만 엄격한 잣대를 대고 세상 모든 잘못을 내 잘못인양 생각해왔을까.

모든 사람에게 좋은 사람이 되고자 내 스스로에겐 가혹한 사람으로 살아왔다. 한평생 내게 비난만 받아온 내 마음에게 이렇게 말해주자. 그리고 남에게만 너그러웠다면 내 자신에게도 너그러워지자.

"그동안 많이 힘들었지? 못한다고 야단만 쳐서 미안해. 정말 고생 많았어. 지금 힘들다고? 괜찮아. 잘하고 싶었는데 못했다고? 괜찮아. 그럴 수도 있지. 앞으로 잘할 수 있을 거야. 걱정마"라고.

사양합니다, 착한 사람이라는 말

좋은 사람이 되려 할수록 내 인생은 좋아질 수 없다

나는 내 인생이 좋아질 거라고 생각했다. 착한 사람은 알아주고 결국은 행복해질 거라고 믿으며 살아왔다. 항상 '내 끝은 해피엔딩일 것이다. 힘들고 고달픈 현재는 미래에는 웃으며 지나갈 수 있는 해프닝일 것이다'라고 생각했다.

현실의 해프닝은 길고 길었고, 매일이 힘들고 피곤했다. 지치고 슬펐다. 내 인생의 해피엔딩은 언제쯤일까 기다리다 앞이 보이지 않았다. 잘해내고 있는지 길이 있긴 한지 의문이 들었다. 아니 끝이 있긴 한 걸까?

내 삶은 왜 바뀌지 않는 걸까? 왜 나아지지 않을까? 언제쯤 더 좋아지는 걸까? 이런 생각은 오래도록 나를 따라다녔다. 내 노력이 부족한 것인지, 내가 하고 있는 노력이 최선이 아닌 것은 아닌지… 내 노력의 양만 헤아리고 있었다.

처음 혼자 자취를 시작할 때 예산에 맞는 집은 반지하방이었다. 골목길을 들어가자 가정집이 나왔다. 대문을 지나 제일 안쪽에 있는 방 두 칸짜리 집이었다. 할아버지 한 분이 이웃으로 사시는 집이었다. 처음 혼자 살게 된 나는 꿈에 부풀어 있었다. 소개받은 집의 보일러는 외부 현관문 쪽에 있었다. 이상해서 물어보니 옆집과 바깥의 보일러를 같이 써야 한다고 했다. 그 말을 듣고 괜찮을지 걱정이 되었다. 부동산 중개업자는 말했다. "할아버지 혼자 쓰니 얼마 안 나올 거예요. 수도고 보일러고 반반씩 잘 낸다고 했으니 걱정 마요. 이만한 집이 없어요"라고 나를 안심시켰다.

나는 그 집을 계약했다. 그런데 산 지 며칠 만에 큰 방엔 곰팡이가 올라오기 시작했다. 일주일을 넘기자 큰 벽 절반 이상이 곰팡이가 올라왔다. 벽이 꺼뭇해지고 냄새까지 나자 방에는 들어갈 수조차 없었다. 그래서 나는 건조한 작은 방에서 생활했다. 같은 집인데 한 곳은 너무 습하고 한 곳은 너무 건조했다. 문밖에는 수도가 하나 있었다. 어느 날부터 할아버지가 내놓은 그릇에서 음식 썩는 냄새가 나기 시작했다. 집에 냉장고가 없어 수돗가에 내놓았다고 했다. 그리고 대문에서부터 내가 살고 있는 집으로 들어오는 입구까지 플라스틱, 캔, 폐지가 쌓이기 시작했다.

참자, 참자 생각하고 산 지 20일쯤 되었을 무렵 나는 공과금 고지를 받게 되었다. 난방비 22만 원, 수도세는 10만 원이 넘었다. 나는 아침에 나가면 9시가 넘어야 들어왔다. 또 집엔 세탁기도 없었다. 그런데 난방비, 수도세가 많이 나와 너무 황당했다. 좋게 넘어가자고 생각했다. 옆집 할아버지께 절반의 금액을 요구했다. 할아버지는 화를 내기 시작했다.

"내가 혼자 사는데 이 돈이 말이 돼? 나는 절대 못 줘. 돈 없어. 처자 혼자 다 내!"

할아버지는 화를 버럭 내며 문을 꽝 닫고 방으로 들어갔다. 너무 어이없고 황당했다. 며칠을 할아버지에게 이야기하려고 시도했다. 하지만 소용이 없었다. "배 째. 나 절대 못 줘. 이름도 처자 이름이니 알아서 내"라며 소리쳤다. 다시 확인해보니 내 이름으로 되어 있었다. 어쩔 수 없이 나라도 내야 했다. 이사 온 내 탓이지 포기하자고 나를 위안했다. 그래도 집 안까지 들어오는 음식물 냄새는 해결해야겠다 싶었다. 수돗가의 곰팡이 핀 음식에 대해 이야기하자 "젊은 사람이 그것도 못 참아? 내가 다 먹을 거니까 치울 생각 하지도 마"라며 소리쳤다. 하루는 날 보자마자 "누가 이 집으로 이사 오래?"라며 혀를 찼다.

집에 오는 길이 편치 않았다. 불편한 마음으로 퇴근하던 어느 날 버스에서 내리다 정류장과 버스 사이를 지나가던 오토바이에 뺑소니를 당했다. 정류장과 버스엔 사람들이 많았지만 잠깐 기절하고 일어났을 때 아무도 도와주지 않았다. 고등학생 두 명이 타고 있던 오토바이는 도망친 뒤였다. 나는 다리를 절뚝이며 집으로 갔다. 가는 길이 길게만 느껴졌다. 억울하고 몸도 아파 집에 오자마자 한참을 울었다. 뒤늦게 경찰이 사건을 조사하러 왔을 땐 깜깜한 밤이었다. 늦은 밤 경찰차 뒷자리에 탔다. 사고발생 시간은 몇 시였는지, 어떤 일이 있었는지, 어떻게 대처했는지, 범인은 누구였는지 등의 질문을 받았다. 정신이 없어 제대로 기억하는 건 없었다.

그리고 며칠 뒤 부천경찰서 뺑소니과에 확인하러 갔다. 버스기사님이 먼저 와 있었다. 뺑소니범은 자리에 없었다. 경찰관은 좋게 넘어가자고 말하며 사건 확인을 시작했다. 버스운전은 무사고여야 개인택시를 영업할 수 있다는 말을 내게 했다. 조서 작성이 끝나고 집으로 오는 버스 안에서 아이처럼 꺽꺽 울었다. 너무 억울하고 나한테만 왜 이런 일이 생기는지 원망스러웠다. 그리고 서러웠다. 조서 끝에 경찰관이 한 말은 "아가씨가 잘못했네. 내릴 때 뒤를 확인을 안 했네"였다.

경찰의 말처럼 내가 잘못한 것인가? 버스에서 먼저 내린 내 탓, 내리면서 버스 뒤를 확인하지 않은 내 탓인가? 오토바이에 치여 쓰러진 것도 내 탓, 사람들에게 뺑소니범을 잡아달라고 말하지 않은 것도 내 실수인 건지 알 수가 없었다. 이 집에 이사 온 것도 내 탓, 할아버지가 돈을 안 내는 것도, 내 집 앞에 쓰레기가 쌓이는 것도 내 잘못인가 싶었다.

직장에선 교통사고 후 물리치료를 받으러 가는 것도 눈치가 보였다. 직장동료에게 양해를 구하며 며칠 다니자 원장님은 나를 불러 말했다.

"이 정도 다녔으면 눈치껏 그만 다녀야 되는 거 아냐? 다른 사람이 불편해지잖아."

내가 어떻게 살고 있는 건지 알 수 없었다. 왜 다 내 잘못처럼 느껴야 하는지 답을 찾을 수가 없었다. 원망스러운 순간에도 정말 모든 게 내 잘못인 건가 고민이 되었다. 내가 잘못 살아서 이런 일만 생기나 싶었다. 내가 좋게만 생각하려 한 것도 잘못된 건지 묻고 싶었다. 참고 있는데 내 상황은 왜 계속 꼬여만 가는지 답을 찾고 싶었다. 참을수록 왜 더 참아야 할 일만 생기는 것인지 누가 알려주길 바랐다. 머리는 온통 혼자선 답을 찾을 수 없는 '왜'라는 물음으로 가득 찼다.

나는 좋은 사람으로 살고 싶었다. 좋은 사람으로 최선을 다하고 싶었다. 그래서 참고 또 참았다. 참다 보면 내일은 더 나아질 거라고 생각했다. '참는 자에겐 복이 있다'라는 말을 믿고 기다렸다. 하지만 내 현실은 달라지지도 나아지지도 않았다.

그 뒤 나는 옆집 할아버지 눈치를 보며 지내야 했다. 출퇴근 길에 집 앞을 지나가는 나를 볼 때마다 못마땅하게 봤다. 교통사고 후 몸은 아팠다. 고등학생 뺑소니범은 찾을 수가 없었다. 경찰도 아무런 연락이 없었다. 물리치료를 위해 퇴근하는 건 있을 수 없었다. 공과금 기일은 다가왔다. 이번에 내가 돈을 낸다 해도 다음 달은 어떨지 보장도 없었다. 어쩌면 이렇게 나쁜 일만 줄줄이 올 수 있는지, 나는 우울해졌다.

다른 사람이 좋은 사람이라고 말하는 나는 그야말로 '호구'였다. 억울해도 말 한마디 없이 잘 참는 사람, 잘못한 상대가 도리어 더 큰 소리를 내면 작아지는 을이었다. 내가 스스로를 을로 만들고 호구로 만들었다. 싫다는 말 한마디 못하는 사람으로 보이게 만들었다.

다음 날 출근 전 나는 옆집 할아버지에게 가서 말했다.

"공과금 반은 할아버지가 내셔야 해요. 나는 할아버지가 보시다시피 아침 일찍 나가서 밤에 들어와요. 물을 써도 할아버지가 더 쓰고, 보일러도 할아버지가 쓰시는 거예요."

전날 고민하며 머릿속으로 시뮬레이션한 말을 쏟아냈다. 할아버지는 뭐라고 하려 했지만 말할 틈을 주지 않고 다시 말했다.

"할아버지가 무조건 반 내세요."

그리고 나선 대답을 듣지 않고 밖으로 나갔다. 뒤에서 할아버지가 뭐라 하는 소리가 들렸지만 귀를 막고 듣지 않았다. 심장이 쿵쾅거리며 뛰었다. 어른에게 대들며 말하는 나라니 상상해본 적 없었다. 그리고 바로 부동산 중개업소에게 전화를 걸어 내 상황을 설명했다. 방을 빼고 싶으니 주인집에 연락해달라고 말했다. 사정을 말하자 주인집에서 할아버지에게 말했다. 말이 통하지 않자 내게 전화를 해서 공과금 반을 내

줄 테니 참고 지내면 안되겠냐고 했지만 "이젠 더 이상 못 참겠어요"라고 대답했다. 굳게 마음먹은 덕분인지 복비 없이 바로 방을 뺄 수 있었다. 방을 빼며 공과금은 반을 냈지만 더 이상 악취도 폭언도 신경 쓰지 않아도 된 사실에 기뻤다.

　나는 둥글게 살고 싶었다. 평범하게 사는 건 '좋은 게 좋은 거다'라고 말하며 넘어가는 것이라 생각한다. 그런데 세상은 네모나다. 네모난 세상에 나 혼자 둥글게 살기 위해 애쓴다. 부딪혀 모서리가 깨진 어설픈 동그라미다. 그 후엔 네모난 세상에 나만 원이라 다시 모서리에 찔린다. 모든 잘못은 내 탓이 된다.

　다른 사람의 말 한마디에 모든 게 내 잘못이 되었다. 온갖 불합리한 상황도 쉽게 내 탓이 되고, 내 허물이 되었다. 내가 좋은 사람이 되려 할수록 나는 점점 더 나쁜 상황에 처했다. '앞으론 나아질 거야'라는 자기위로만 남을 뿐이었다. 내 의견을 내지 않고 참을수록 나는 약자가 되었다. 내가 다른 사람을 위하는 만큼 나를 위해주는 사람은 없었다. 내가 다른 사람만 위할수록 내 자신의 인생은 좋아지지 않았다. 내가 나를 위해 살지 않기 때문이었다.

　남에게만 좋은 사람이 되려 할수록 나는 없어진다. 내 안에 다른 사람의 자리가 커져 내 자리가 남지 않게 된다. 남에게만 좋은 사람은 나에겐 좋은 사람이 될 수 없다. 나부터 나에게 좋은 사람이 되어야 한다. 지금까지 남만 위하다가 내 인생을 울퉁불퉁한 비포장길로 만들었다. 이제부터 나를 위해 내 인생을 포장길로 만들어야 하지 않을까.

내 마음 먼저, 마음에 영양 보충하기

생텍쥐페리(Saint Exupery)가 쓴 《어린 왕자》에 이런 이야기가 나온다. 어린 왕자가 자신이 그린 그림을 어른들에게 보여주면서 무섭지 않냐고 물어보았다. 그때 어른들은 "모자가 뭐가 무섭다는 거니?"라고 되묻는다. 그러나 어린 왕자가 그린 그림은 모자가 아니라 코끼리를 소화시키고 있는 보아구렁이였다. 그래서 어린 왕자는 어른들이 한눈에 알아볼수 있도록 보아구렁이의 속을 그렸다. 그제야 어른들은 그림을 이해했다.

얼마 전 눈이 내렸다. 아이들은 창문 밖 내리는 눈을 보자마자 신이 났다. "엄마 밖에 나가서 눈사람을 만들자", "얼른 나가자"라며 나를 재촉했다. 나는 내리는 눈을 보며 '춥겠다. 나가면 손도 시리고, 길이 미끄럽겠네'라고 생각했다. 어느새 나는 모든 것이 신기하던 어린아이에서 모든 것이 당연하게 느껴지는 어른이 되었다. 길을 지나가면 무슨 이야기를 하는지 까르르 웃는 교복 입은 아이들을 보면서 '나도 그랬었나?'란 자조적 물음을 던진다. '나는 왜 저 아이들처럼 모든 일이 즐겁고 신기하지가 않을까? 감성이 메마른 것 같다' 하는 생각이 드는 걸 보니 나도 이제 어른이 된 것 같다.

어느 날 저녁이었다. 주말 내내 독박육아를 한 뒤 식구들의 저녁을 챙겼다. 식탁을 치우고 빈 그릇을 설거지통에 넣었다. 좁은 주방에서 설거지를 하다가 창밖을 봤다. 어두컴컴했다. 창문 너머 반짝이는 불빛과 불 꺼진 우리 집 거실, 남편과 아이들이 까르르 웃는 소리에 나는 울컥 눈물이 났다. 설명할 수 없는 외로움이 들었다. 가족과 함께 있었지만 동시에 나 혼자라는 생각이 들었다. 내 에너지 모두를 아이들에게 소진하고 나는 텅 빈 껍데기 같은 생각이 들었다.

엄마를 좋아하는 아이를 보면 어른들은 이런 이야기를 했다.

"엄만 네 껍데기인데 뭐가 그리 좋냐."

어릴 땐 무슨 이야기인 줄 몰랐는데 나이가 들어가니 알 것 같다. 다른 사람만 챙기다 보니 정작 나라는 존재는 빠진 껍데기였다. 모든 에너지를 나를 제외한 일에만 쏟았다. 가족들만 챙기다가 정작 나 스스로 사랑하지 못한 것이다.

텅바이몽의 《어쩌겠어, 이게 나인 걸!》이라는 책을 보면 이런 글이 있다.

"마음에 가뭄이 들 때가 있어요. 팍팍하고 건조해서 그런지 쉽게 예민해지고 짜증이 나죠. 이런 날엔 굳이 이유를 찾기보단, 그냥 내가 조

사양합니다, 착한 사람이라는 말

금 목이 마른가 보다 하고 생각해보세요. 지쳐서 마음이 목마르다고 하면, 아무것도 하지 말고, 듬뿍 물을 주세요."

내 마음은 어떤 상태일까? 예전엔 청소를 한 뒤 한 시간도 지나지 않아 난장판인 집을 보면 짜증부터 났다. 짜증이 난 상태에서 아이가 안아달라 하면 "엄마 힘들어"란 부정적인 대답이 먼저 나왔다. 아이가 언니랑 다퉈 울기라도 하면 '왜 또 싸우지. 사이좋게 놀 수는 없나?'며 아이를 탓하는 마음이 생겼다. 내 마음이 힘들어 속상한 아이의 마음을 받아줄 수 없었다.

하루는 아이들의 이야기를 들었다. 둘째가 첫째에게 "나는 엄마가 천사엄마였으면 좋겠어. 언제 우리 엄마가 천사엄마가 될까?"라고 말했다. 첫째도 "나도 우리 엄마가 천사엄마가 되었으면 좋겠다"며 나를 힐끔 봤다. 내 마음이 부족해 아이의 마음도 행복하지 않게 한 것이다. '아이의 눈엔 내가 악마엄마인 건가?'란 생각이 들었다.

지금의 나를 되돌아봤다. 아이에게 대답할 땐 긍정의 언어보다 "안돼"란 말이 먼저 나간다. 안 되는 이유를 찾아 줄줄 늘어놓으면 아이는 실망한 표정으로 나를 쳐다본다. 그 표정에 '나는 잘해주려 노력하는데 왜 그러지'란 마음에 괜히 서운하다.

내 마음은 왜 그럴까 생각하다 보면 '나에 대해 아는 것이 없다'란 생각이 든다. 정신없이 세 아이를 키우면서 나라는 사람은 더 알기 어려웠다. 아이가 좋아하는 색깔, 아이가 좋아하는 음식, 아이가 좋아하는 캐릭터와 노래로 가득한 곳에서 나란 사람에 대해 생각하긴 쉽지 않다.

그러고 보면 아이들을 키우면서부터는 옷을 입는 것도 달라졌다. 옷에 뭐가 묻을까 봐 어두운 색을 입거나 아이 피부에 자극이 없는 순면 옷만 입게 되었다. 길가에 핀 꽃을 보면 예쁘다 생각하기 전에 아이들에게 벌을 조심하라 당부한다. 내가 좋아하는 영화나 드라마보다 아이들 만화영화를 본다. 아이들과 있을 때는 내가 보고 싶은 것도 전체관람만 가능했다.

아이들 동요를 따라 부르느라 유행하는 노래가 뭔지도 몰랐다. 내가 좋아하는 곳보다 아이가 좋아하는 놀이터를 갔다. 내가 좋아하는 음식보다 아이들이, 가족들이 같이 먹을 수 있는 음식을 골랐다. 그렇게 엄마로 아내로 살다 보니 내가 뭘 좋아하는지, 뭘 원하는지 모르는 상태가 되었다. 가족들이 좋아하는 것만 생각하다 내가 좋아하는 건 항상 뒷전이었다.

스스로에게 좋아하는 것을 물어봤다. 내가 좋아하는 색은 뭐지? 내가 좋아하는 음식은 뭐지? 내가 좋아하는 노래는 뭐지? 내가 보고 싶은 영화 장르는 뭘까? 내 스스로에게 묻다 보니 나라는 사람을 조금씩 알게 되었다. 나는 분홍색을 좋아하고, 매운 음식을 좋아했구나. 나는 발라드와 댄스를 좋아하네. 나는 액션을 좋아했는데 지금은 가벼운 코미디가 좋구나.

새롭게 알아가는 내가 낯설었다. 그러나 나를 알아가는 과정은 나로 살게 했다. 하루 일정 가운데 한 가지씩 내가 하고 싶은 것을 끼워 넣었다. 아이들이 텔레비전을 보는 동안 아이들에게 "엄마도 엄마가 보고 싶은 영상 보러 갈게"라고 말했다. 그러면 아이들은 나를 쳐다보지도 않고 "응. 재미있게 봐" 하고 대답한다. 몰래 드라마를 보고 있는 날에는 "나한테 허락받고 봐야지" 하며 첫째 딸이 숨어 있는 날 찾아내 말한다. 다른 날에는 내가 좋아하는 브랜드의 초콜릿을 한가득 사놓고 하나씩 꺼내 먹으면 "나는 왜 안 줘?"라며 심통 어린 얼굴로 말하기도 한다. 좋아하는 초콜릿을 입안에 넣으면 절로 하루가 달달해진다.

때론 답답한 마음이 들면 무작정 밖으로 나간다. 밖에 나가 하늘을 쳐다본다. 흘러가는 구름을 보고 주변을 둘러보며 마음을 채운다. 매일 감사할 일을 찾아본다. 감사한 일이 늘어나면 내 하루가 행복하다. 이렇게 하루 한 개 내가 원하는 일을 끼워 넣었을 뿐인데 어제와 다른 하루에 기대가 생긴다. 하루에 하나, 내 마음을 챙기기로 하자 아이를 낳은 후 생긴 불면증도 줄어들고 행복한 마음으로 잠들게 되었다.

<내 마음이 메마를 때면>이라는 시가 가슴에 와 닿는다.

내 마음이 메마를 때면
나는 늘 남을 보았습니다.
남이 나를 메마르게 하는 줄
알았기 때문입니다.

그러나 이제 보니 내가 메마르고 차가운 것은
남 때문이 아니라 내 속에 사랑이 없었기 때문입니다.
(중략)

나에게 일어나는
모든 부정적인 일들이
남 때문이 아니라
내 마음에

사랑이 없었기 때문이라는 것을
알게 된 오늘

나는 내 마음에 사랑이라는
이름의 씨앗 하나를
떨어뜨려봅니다.

사랑도 받아본 사람이 더 잘 주는 법이고, 내 마음을 먼저 챙긴 사람이 다른 사람의 마음도 챙길 수 있다. 이제라도 내 마음에 물을 주자. 물도 주고 비료도 주자. 내 마음이 살쪄야 내 인생이 푸근하다. 내 마음 텃밭에 영양분이 가득해야 다른 사람의 마음이 메말랐을 때 퍼줄 수도 있다. 오늘부터 내가 좋아하는 것을 찾아 내 하루에 끼워 넣어보자.

나만큼 열심히 사는 사람은 없다

내가 주식을 시작하면서 가장 많이 들었던 말은 '일희일비하지 마라'란 말이다. 주식은 파동이 있다. 내가 매수한 주식이 오늘은 오르고 내일은 하락할 수 있다. 기쁨과 슬픔이 번갈아가며 오니 너무 기뻐하지도 슬퍼하지도 말라는 이야기다. '인생지사 새옹지마'라는 이 익숙한 말이 인생을 살아가는 데도 필요한 것 같다.

결혼 초 남편이 퇴근하고 오면 웃으면서 하는 말이 있었다.
"잘 놀고 있었어? 잘 쉬었어?"
온종일 아이와 씨름한 나는 그 말에 화가 났다. 그러고는 남편에게 버럭 화를 내며 소리쳤다.
"나 놀지 않았어! 내가 한 일이 얼마나 많은데!"

사실 그날은 온종일 한 일이 없다는 생각에 자책하고 있었을 때였다. 조리원에서부터 적응하겠다고 밤새 수유콜을 받았다. 조리원에서의 생활이 천국이라는데 나는 그 천국을 누리지 않았다. 10일 후 아이와 둘만 있을 생활에 적응되지 않을 것 같아서였다.

첫아이는 모든 게 어려웠다. 젖을 물리는 것조차 쉽지 않았다. 아이가 젖을 빨면 헐고 피가 났다. 물리는 것조차 고통이었다. 아파서 아이를 밀어낼 것 같았다. 아이를 안지 않은 손을 움켜쥐며 참았다. 수유 후엔 긴 유축을 했다. 첫아이라 젖이 잘 나오지 않기 때문이다. 남은 젖을 짜지 않으면 유두염으로 고생한다. 가슴이 돌처럼 딱딱해지고 열이 난다. 그건 경험하지 않은 사람은 모른다. 꾸벅꾸벅 기대 졸면서 유축을 한다. 가슴을 훤히 드러내고 유축을 하고 있자면, 나는 사람이 아닌 것 같다. 젖소 같은 비참함마저 든다. 수유한다고 2시간에 한 번씩 깨고 기저귀를 갈았다. 어느새 창밖이 환해지면 퀭한 얼굴로 일어났다. 1시간을 채 못 잔 상태다. 아침이 밝았다.

남편이 혼자 출근하고 나면 아이가 울며 깬다. 배가 고픈 것이다. 모유가 잘 나오도록 바짝 마른입을 물로 축인다. 아이가 배가 차서 곤히 잠들면 내 배에서 꼬르륵 소리가 난다. 그제야 내가 물 말고는 아무것도 먹지 않았다는 것이 생각난다. 대충 밥을 차리고 막 먹으려 하는 순간 아이가 깬다. 나는 아이를 안고 식탁 옆에 서서 물에 말은 밥을 먹는다. 아이가 다시 잠이 들면 빨래, 설거지, 청소를 했다. 어린아이와 있으면 비슷한 하루가 반복되었다. 온종일 바쁘기만 하고 내가 한 일은 없는 것 같다.

힘들지만 힘들다고 말할 수 없다. 남들도 다 하는 일이란 말을 듣기 십상이다. 우울하고 짜증이 나도 말할 수 없었다. 사람들은 "아이를 바라보면 모든 근심과 걱정이 사라져”란 말을 쉽게 한다. 그런 말에 나는 우울하고 짜증만 나는 모성 없는 엄마가 된다. 모성 넘치는 세상에 나만 이상한 사람 같다. 어떻게 낳자마자 저렇게 사랑할 수 있는 건지 의아했다.

남편에게 화를 낸 후부터 내가 놀지 않았다는 걸 증명하려 했다. 기억이 안 날 때를 대비해 내가 한 일을 탁상달력에 기록하기 시작했다. 아이가 먹는 이유식 종류, 내가 한 집안일, 내가 만든 옷, 오늘 메뉴까지, 내가 하는 모든 것을 기록했다. 그리고 남편이 돌아오기만을 기다렸다. 퇴근한 남편이 “잘 놀았어?”라고 묻자마자 내가 했던 일을 숨도 안 쉬고 말해줬다. 그리고 말했다.

“나 안 놀았어. 하루 종일 바빴어. 다음부턴 내가 논다고 말하지 마.”

남편은 어이없다는 얼굴로 “그래”라고 말했다.

이젠 남편은 퇴근 후에 “잘 지냈어?”라고 말하고, 나는 “잘 지냈어” 혹은 그날 있었던 일을 말해준다. 내가 얼마나 열심히 하루를 버티고 있는지 말하고 나면 남편의 하루를 들을 수 있다. 자격지심에 나만 힘들다고 생각했던 마음이 작아진다. 남편에게 알려주려고 내가 한 일을 달력에 기록한 것처럼 당신도 해보면 알 수 있다. 우리가 얼마나 열심히 살고 있는지를. 단지 우리가 인식하지 못할 뿐이다.

우리는 많은 것을 망각한다. 12월 31일이 되면 “한 해가 다 갔는데 나는 한 것도 없이 나이만 먹네”란 한탄을 한다. 1년 동안 있었던 일은 기억에 없다. 큰일만 생각이 나고 사소한 일은 기억에서 사라진다. 월급은 받았는데 며칠 뒤 보면 통장에 남은 돈은 없는 상태 같다. 어딘가 썼는데 어디에 썼는지 모른다. 내 하루와 일주일, 한 달도 마찬가지다. 여러 일이 있었지만 기억에 남지 않는다. 머리에 없는 일은 없던 일이다. 그러니 항상 내가 한 일은 없는 것 같다.

아이를 키우다 보면 엄마 마음은 하루에도 수백 번씩 바뀐다. 아침에 일어나면 '잘해야지'란 마음으로 시작한다. 하지만 현실은 천사엄마와 악마엄마 사이에서 아슬아슬한 줄타기 중이다. 천사엄마가 되었다가 순간 악마로 바뀐다. 그러다 아이가 울면 나는 최악의 엄마란 자괴감이 든다. 그렇다고 내가 아이를 사랑하지 않는 건 아니다. 다만 내가 하는 표현이 아이가 느낄 때 좋을 때도 있고, 부족할 때도 있다는 것이다. 내가 하는 노력도 마찬가지다. 우리는 뭔가를 처음 배울 때가 있다. 처음부터 잘할 수는 없다. 마음은 달인인데 현실은 초짜다. 아이를 처음 낳았을 때도 초보엄마였고, 재봉틀을 배울 때도 초짜였다. 매일의 경험이 쌓여 점차 능숙해진 것이다. 그 과정 안에서 실망도 하고 다치기도 한다. 시행착오를 겪으면서 그 모든 시간이 지금의 나를 만들었다.

그런데 익숙해지게 되면 그 사실을 잊는다. 능숙해지면 어느새 이런 건 당연하다고 여긴다. '개구리 올챙이 적 생각 못 한다'는 말은 나를 보고 하는 말 같다. 나는 아침에 내가 해야 할 일을 적어둔다. 체크리스트를 작성해 하나씩 지워나간다. 그리고 지운 만큼 일은 새로 추가된다. 저녁이 되면 까맣게 지워진 볼펜자국과 해야 할 일로 빽빽한 메모지를 본다. 한 일보다 하지 못한 일이 더 아쉽다. 내가 이룬 건 당연히 해야 할 일이고, 내가 이루지 못한 일은 왜 못했을까 생각한다. '내일은 더 열심히, 더 많이 해야겠다'란 다짐을 한다. '남들도 모두 하는 일이니까'란 생각에 내가 한 일은 작게 보인다. 아무것도 아니라고 치부한다.

나에게 워킹맘은 일도 잘하고 아이도 잘 키우는 슈퍼우먼 같다. 그래

사양합니다, 착한 사람이라는 말

서 전업주부란 말이 변변찮게 느껴졌다. 나도 결혼 전에는 나만의 일을 하는 사람이었다. 내가 번 돈을 쓰는 건 당연했다. 결혼 후 전업주부가 된 나는 일을 안 하고 남편 월급으로 노는 사람 같다. 가족을 위한 옷을 살 때는 고민도 없이 사지만 정작 내 옷을 살 땐 '살까 말까?'며칠을 망설인다. 떳떳하지 않은 기분이다. 남편이 아무 말을 하지 않아도 먼저 눈치를 본다. "입을 게 없어서 샀어"란 말이 변명처럼 나온다.

전업주부라는 말은 직업란에 있지만 직업이 아닌 것 같다. 어쩌다 새로운 사람을 만나면 상대방이 "무슨 일 하세요?"라고 물어볼 때가 있다. 그땐 자격지심에 괜히 목소리가 작아진다. "주부예요"라고 대답하면 상대는 "아, 주부시구나…"라며 말끝을 흐리는 경우도 있다. 그 반응에 더 작아지는 기분이 든다.

결혼 전 일을 할 때는 퇴근 시간이 있었다. 야근은 있어도 퇴근은 당연한 것이었다. 전업주부 엄마가 된 나에게 퇴근은 없다. 하루 24시간 대기조인 철야근무의 연속이다. 오죽 하면 엄마들 사이에 이런 말이 있다.

"빠른 육퇴(육아 퇴근의 준말)하시길 바라요."

엄마들의 작은 소망이다. 아이가 자야 엄마로서의 하루가 끝난다는 말이다. 우리 아이들처럼 밤에 자주 깨는 아이들이 있는 경우는 그것도 쉽지 않았다. 자다 깨면 엄마가 어디에 있는지 확인한다. 내가 옆에 있는 경우엔 내 옆으로 와 잠을 잔다. 만약 내가 없다면 방밖으로 울며 나를 찾으러 나오는 일이 다반사다. 육퇴가 아니라 다시 육아의 시작인 것이다.

집에서 노는 엄마가 있을까? 매일 해도 티가 안 나는 청소를 하고, 가족들의 식사를 챙기고, 가족들이 벗어놓은 빨래를 하고, 그것을 정리하는 등, 이 모든 것을 하는 건 나다. 티가 나지 않는 일을 하며 가족들을 돌본다. 이 티 나지 않는 일은 내가 며칠만 미뤄두면 표가 난다. 머리카락 가득한 바닥, 쌓여 있는 설거지, 입을 옷도 없어진다. 내가 열심히 엄마의 자리, 아내의 자리에서 노력하기에 가족들이 불편하지 않게 생활할 수 있는 것이다.

엄연히 가족 안에는 개인인 나도 포함되어 있다. 하지만 나를 전담으로 챙기는 가족은 없다. 내가 챙기는 건 당연하고 어쩌다 나를 챙겨주면 그게 고맙고 행복한 일이다. 내가 열심히 산다고 칭찬하는 사람은 없다. 내 희생은 당연한 거니까. 밥 차리는 사람, 아이를 돌보는 사람, 집안의 가구처럼 당연히 있어야 하는 사람이라고 생각한다.

"사는 것은 원래 그런 거야"란 말을 들었는가? 원래 그런 건 없다. 내노력과 내가 하는 일은 결코 작지 않다. 나만큼 열심히 사는 사람은 없다. 나는 내가 한 노력을 안다. 당신만큼 열심히 사는 사람은 세상에 없다. 당신도 당신이 해온 노력을 알고 있다. 우리만큼 열심히 살고 있는 사람은 없다. 이제 큰 소리로 말해보라.

"나만큼 열심히 사는 사람 있으면 나와 봐. 내가 최고다!"

내가 나를 인정해주자.

남에게만 좋은 사람은 그만하겠습니다

나는 남과 잘 지내고 싶은 걸까, 잘 보이고 싶은 걸까? 어느 것 하나 고를 수 없다. 그동안은 둘 다였다. 남과도 잘 지내면서 다른 사람이 날 잘 봐줬으면 했다. 남과 잘 지내고 싶은 건 수평관계고, 잘 보이고 싶은 건 수직관계라는 이야기를 들은 적이 있다. 그럼 나는 어떤 위치에 서 있는 사람일까?

하루는 이런 일이 있었다. 지인과 함께 식당에 갔다. 아이가 먹을 반찬이 마땅치 않았다. 미리 가져간 김에 공깃밥을 추가로 시켰다. 김에 고기와 밥을 싸 아이에게 주었다. 밥을 다 먹을 때쯤 남은 밥을 먹어봤는데 왠지 맛이 이상했다. 그 순간 나는 망설였다. 종업원에게 말을 할지 말지 고민했다. 쭈뼛거리던 나를 본 지인은 왜 그러냐고 물었다. 나는

"밥이 이상한 것 같아. 원래 이런 거야?"라고 작게 물었다. 뒤늦게 밥을 먹어본 지인은 "밥이 이상하네. 왜 말 안 했어?"라며 종업원을 불렀다.

종업원은 주방에 확인을 한 뒤 "밥맛, 원래 이런데요"라고 말했다. 내 표정을 보곤 "주방장님이 먹었는데 괜찮대요"라고 대답하고 가버렸다. 나는 뭐라 말하고 싶었지만 그 말은 입에만 맴돌 뿐이었다. 기껏 내가 종업원에게 한 말은 "원래 이래요? 네, 알겠어요"가 다였다. 식당 쪽에서 자신 있게 대답하니 내가 이상한 사람이 된 것 같았다. 종업원은 다른 테이블을 맡은 종업원과 말을 하며 우리 테이블을 손가락으로 가리켰다. 나는 억울한 마음이 들었다. 내가 몇 번 더 먹어봐도 밥맛이 이상했다. 찝찝한 마음에 아이에게 밥을 더 먹일 수 없었다. 얼른 먹고 가야겠다는 마음이 들었다. 남은 고기를 억지로 입에 넣었다.

곧 김초밥이 서비스로 나왔다. 그리고 화장실을 다녀온 지인이 왔다. "저거 서비스로 온 김초밥 먹지 마"라고 말하며 김초밥을 테이블 한쪽으로 밀어놓았다. 이유를 묻자 화장실 다녀오며 주방을 봤는데, 상을 치우며 섞인 음식에서 재료를 꺼내는 모습을 봤다고 했다.

"씻지도 않고 그냥 넣더라."

그날 우리가 간 곳은 새로 오픈한 식당이었다. 며칠 전부터 대대적으로 광고를 해서 손님으로 홀이 꽉 찬 상태였다. 다른 손님에게 나간 음식으로 다른 테이블의 음식을 만든다는 게 황당했다. 식당에 항의하고 싶었지만 새로 오픈한 식당이라는 생각에 아무 말도 할 수 없었다.

결국 더 이상 먹지 않고 식당을 나왔다. 계산을 하며 '이런 음식을 먹고도 아무 말도 못하고 계산하고 있구나' 하는 생각이 들었다. 새로 오픈한 식당이 뭐라고 불만사항을 말도 못하는지 스스로 답답했다. "맛있게 드셨어요?"라고 묻는 말에 "완전 별로였어요. 밥도 이상했고 음식 재사용도 진짜 싫었어요!"라고 말하고 싶었다. 하지만 나는 어색한 미소를 지으며 "네"라고 말하고 있었다. 그 후로 그 식당에 다시 가지 않았다.

이런 적도 있다. 배달음식을 시켜놓고 2시간 가까이 배달음식이 오지 않았다. 가게에 전화를 했다. 주문이 누락되었다면서 방금 출발했다는 것이다. 그 후 20분이 더 걸려 음식이 도착했다. 먹기 시작한 지 얼마 지나지 않아 음식 안에서 머리카락이 나왔다. 그 순간 입맛이 떨어졌다. 배는 너무 고팠지만 먹을 수 없었다. 내가 어떻게 했을까? 전화했을까? 나는 전화를 하지 못했다. '다음에는 여기에서 시키지 말자'고 생각한 것이 다였다. 이런 이야기를 하면 다른 사람들은 "그냥 말하면 되지. 그게 뭐가 어렵다고 전화도 못해? 그냥 뭐라고 해"라고 말한다. 그런데 얼굴 모르는 사람이라도 내 불평불만을 이야기하기 어렵다. 싫은 소리를 하면 불편해지는 마음 때문이었다. 결혼 후에 남편이 전화해서 물어보고, 컴플레인도 하는 것이 신기했다.

좋은 사람이 되어야겠다는 생각은 내 삶을 힘들게 했다. 내 의견을 말해야 할 때도 '남들이 나를 어떻게 볼까?'란 생각에 말하지 못했다. 다른 사람에게 싫은 소리를 하지 못했고, 그게 처음 보는 사람이라 해도 비슷했다. 이게 병이면 나도 중증이란 생각이 든다.

거절 후 불편해지는 상황이 싫어 거절도 못한다. 마음으론 '이건 내일이 아니잖아. 안 된다고 말해'라고 말하지만 입으로는 "알았어"라고 말한다. 마음 따로, 입 따로의 상황은 자주 생겼다. 주변 사람들에게 "쟤는 착해. 좋은 사람이야"라는 말을 듣기를 바라며 일을 사서 하는 사람이라니…, 한심했지만 그게 바로 나였다. 버스에선 몸이 피곤해도 자리양보를 하고, 지나가는 사람이 길을 물어보면 시간이 없어도 길을 알려주었다. 그러다 보면 정작 내 약속 시간에는 늦는 경우가 종종 있었다. '실속도 없고 남 좋은 일만 하는 사람', 그게 다른 사람이 나 몰래 말하는 나였다.

가끔 "넌 왜 이렇게 피곤하게 사니?"란 말을 듣는다. 스스로도 피곤하게 산다는 생각이 든다. 내가 열심히 사는 만큼 더 피곤해진다. 가끔 피곤하지 않으면 '나 오늘 열심히 산 것 맞아?'란 고민을 했다. 남들이 생각하기엔 피곤하게 열심히만 산다.

왜 이렇게 피곤해졌을까? 거절하지 못하기 때문이다. 부탁을 받으면 꼭 해줘야 할 것 같았다. 부탁을 받아도 거절하지 못한다. 부탁한 사람이 상처받을까 싶어 솔직하게 말하지 못한다. 내가 거절하면 부탁한 사람이 힘들 것 같다는 생각이 먼저 든다. 그래서 마음이 불편해진다.

부탁을 받으면 머릿속에 여러 생각이 스쳐 지나간다. '내가 지금 일이 얼마나 있지? 저 부탁을 들어줄 수 있을까? 안 들어주면 어떻게 되지? 거절하면 날 어떻게 볼까? 나랑 관계가 서먹해지면 어쩌지'란 생각이 든다. 그러다 '저 사람이 원하는 걸 들어주는 게 내 마음이 편해지는 일이야'란 결론이 든다. '좀 힘들어도 해주는 게 속편해'라며 나를 다독이게 된다. 마음이 불편한 것보다 몸이 힘들게 낫다 여긴다. 그렇게 종일 이런저런 부탁을 들어주고 나면 지쳤다. 아무 부탁할 사람이 없는 집에 오면 피곤함에 몸이 늘어졌다. 아직 할 일은 남았지만 아무것도 하고 싶지 않았다. 무기력해졌다. 일이 너무 많으니 하고 싶지 않다. 저녁 내내 미루다 밤이 되어 억지로 몸을 일으켰다. 내일의 일도 걱정이 된다. 억지로 몸을 움직였다. 내가 해야 하니까, 내 일이 되었으니까.

사양합니다, 착한 사람이라는 말

나는 다른 사람과 잘 지내고 싶었다. "모나지 않게 살아"라는 말처럼 살려고 했다. 항상 평범하게 살기를 원했다. "나는 평범한 사람이야"라는 말 뒤에서 미움받지 않고 살길 원했다. 사랑받고 인정받으며 사는 것이 평범한 사람이란 생각이 들었다. 그러기 위해 다른 사람의 마음에 들게 행동해야 한다고 생각했던 셈이다.

나에게는 어떤 사람이었을까? 나는 나를 피곤하게 만드는 사람이었다. 착한 사람이 되려고 노력했지만 내 맘같이 살지도 못했다. 좋은 사람이 아니라 요령 없는 사람이 되었다. 자기가 맡은 일도 똑바로 하지 못하는 사람, 일머리 없는 사람으로 평가받았다. 누군가는 나를 싫어했고 누군가는 나를 욕했다. 남에게 인정받지 못하니 좋은 사람이 아닌 것 같았다. 그러면 더 잘하지 못한 나를 탓했다. 나도 내가 싫다. 내가 좋은 사람으로 보이기 위해 참은 여러 상황은 나를 피곤하고 힘들게 했다. 불평불만이 쌓이지만 해소될 방법이 없다. 다 내가 자초한 일이니까 혼자 투덜거려도 바뀌는 것은 없다. 왜 나는 거절을 어려워할까? 한번 곰곰이 생각해봤다.

만약 반대인 상황에서 나는 어떻게 하게 될지 상상했다. 나는 고심하다 말을 했는데 상대방이 "안 된다"고 말하는 상황이다. 거절당한 순간 할 말을 잃고 다급하게 손을 내젓는 모습이 떠오른다. "어쩔 수 없지. 바쁜데 신경 쓰게 해서 미안해"라며 사과를 하는 내가 연상되었다. 괜한 말을 했다는 자책이 든다. 무리한 부탁을 한 내가 부담스러워질까 걱정도 되었다. 상상을 한 것만으로도 당황스럽고 민망했다. 그리고 '아, 내가 거절당했던 것 때문이구나. 나는 그때 어찌할 바를 몰랐구나'란 깨달음을 얻었다.

나는 내가 느꼈기 때문에 상대방도 나처럼 당혹하고 민망할 것이라고 생각했던 것이다. 그래서 거절하지 못했던 것이다. 다른 사람에게 잘해주면 좋을 거라고 생각했다. 하지만 종종 뒷말로 "부탁은 쟤한테 해. 다 들어줘. 잘해줘서 좋긴한데 좀 부담스럽지 않냐?"란 말을 듣게 되었다.

　나는 남에게 좋은 사람, 착한 사람으로 남고 싶었다. 다른 사람이 나를 좋은 사람으로 보고 인정해주길 바랐다. 그 마음은 오래도록 나를 을로 만들었다. 자발적 을이 된 나는 남에게도 나에게도 인정받을 수 없었다. 남에게 잘하면 잘할수록 나는 힘들게 노력해야 했다. 타인에게 인정받아도 그 인정은 오래갈 수 없었다. 내가 인내하지 못하는 순간이 오면 사라지는 것이다. 해줘도 욕먹고 안 해줘도 욕을 먹는다. 이건 남과 나 모두에게 좋은 사람이 아니다. 남에게만 좋은 사람으로 여겨지면 된다고 생각한 것은 잘못된 생각이었다. 이젠 남에게만 좋은 사람은 그만해야 한다. 나도 내 자신에겐 갑이어야 한다. 남에게 노력해야 얻는 인정 대신 나에게 무조건적인 인정을 해주자. 우리를 먼저 사랑해주자. 나의 마음을 다독여주자. 남에게만 좋은 사람은 그만하자. 나에게 좋은 사람이 되어 나라는 사람을 챙기며 살아가야 한다.

마음에도 코칭이 필요해

우리는 태어나고 자라면서 여러 선생님을 만난다. 엄마, 아빠, 학교 선생님, 학원 선생님…, 많은 선생님이 있다. 부모님은 뒤집고 걷고 말하는 과정 동안 수많은 격려와 지지를 해준다. 하지만 아이가 자랄수록 자기가 겪은 시행착오를 아이가 겪지 않았으면 하는 마음이 든다. 그래서 아이가 겪어야 할 모든 장애물을 치운다. 사랑이라는 이름으로 아이가 좌절할 상황을 피하게 한다. 이렇게 해라, 저렇게 해라 하며 할 일과 방향을 정해준다. 시도할 기회를 빼앗긴 채 자라다 보면 시도 자체가 두려워진다. 스스로 생각하는 것도 행동하는 것도 두렵다. 부모님의 생각, 어른의 생각대로 살다 보면, 내 생각과 마음에 대해 생각할 기회도 사라진다. 내가 하고 있는 생각이 맞는지 확신이 들지 않는다. 아이일 때 고민할 일을 어른이 되어서까지 고민하게 되는 것이다.

유치원에서 신나게 놀던 아이는 중학교, 고등학교에 진학하고 나면 많은 것이 바뀐다. '밝고 건강하게'라는 초등학교 반 급훈도 '네 성적에 잠이 오냐?', '지금 공부하면 남편 얼굴이 바뀐다' 같은 웃픈 말로 바뀐다. 내 생각은 중요하지 않은 사람으로 자라게 되는 것이다. 시키는 대로 공부하면 대학교에선 모두 바뀔 것처럼 이야기한다. 어른들은 "놀고 먹고 대학생", "대학 가면 놀 수 있다", "대학 가면 살 빠진다", "대학 가면 예뻐진다" 등 희망찬 이야기만 늘어놓는다. 장담하지 못할 이야기만 펼치는 희망고문 같다.

나는 "지금은 몰라도 돼. 나중이 되면 다 알게 된다"는 말을 믿었다. 그래서 빨리 어른이 되고 싶었다. 등하교 길에 버스에서 만난 어른은 자유로운 인생을 사는 것 같았다. 학교와 집, 학원만 맴도는 나와는 달라 보였다. 나는 혼자 결정할 수 없는 일이 대부분이었다. 학생이기 때문이다. 하지만 내가 보는 어른은 모든 걸 스스로 해결할 능력이 있는 사람 같았다.

회사 일에 대해 이야기하는 어른을 보고 있으면 대단해보였다. 꿈과 미래가 확실한 사람처럼 보였다. 그래서 어른이 되면 모든 것이 쉬워질 것 같았다. 지금 내가 걱정하는 일도 내 소극적인 성격도 나아질 것 같았다. 불안한 인간관계도, 불확실한 꿈도 모두 선명해질 것 같았다. 어른들은 모두 하고 싶은 일을 하고, 하고 싶은 대로 살고, 원하는 꿈이 확실할 것 같았다. 모든 게 분명한 어른이 되면 갈대 같은 내 마음도 굳건해질 거란 믿음이 사실이길 바랐다.

어느덧 나이가 들어 결혼을 하고 아이를 낳았다. 아이를 키우다 보면 "아이가 몇 살인가요?"란 질문을 받을 때가 있다. 그럴 땐 "올해 아홉 살이에요"라고 자신 있게 대답한다. 나도 다른 사람의 자녀 나이를 묻고 "벌써 그만큼 컸어요?"라고 놀란다. 타인의 시간이 더 빠른 느낌 때문이다. 그러다 상대편이 내 나이를 물으면 나는 당황하기 시작한다. '내가 몇 살이었지?' 나이를 따져본다. 아이가 자란 만큼 내 나이도 들었다. 그동안 아이 나이만 세고 내 나이는 세어보지 않았는데, 내 나이를 따져보니 놀랍다. '벌써 내가 이렇게 나이를 먹었나?'란 생각이 든다. 내가 생각하던 어른이라는 나이가 된 것이다. 시간이 지난 만큼 달라진 점도 있어야 하는데, 내가 성숙해졌다는 생각은 좀처럼 들지 않았다.

내가 생각했던 것과는 달랐다. 어른이 된 내 모습은 그대로다. 자유로운 어른을 꿈꾸던 아이 같다. 학생 때 어른이 되고 싶다 말한 그때와 뭐하나 달라진 게 없다. 여전히 아는 것이 없고, 미래는 불안하고 걱정스럽다. 꿈도 없다. 아직도 사람과의 관계가 어렵고, 조심스럽다. 그리고 내 마음은 여전히 흔들린다. 아니 어릴 때보다 더 내 마음을 모르겠다. 내가 어떤 마음인 건지, 어떻게 행동하는 게 좋은 건지도 고민이다.

하지만 달라진 점이 있다. 내 고민들을 드러내기 어렵다는 점이다. 어른이 된 후로 솔직해지기 어려웠다. 아무렇지 않게 말했던 말도 꺼내기 조심스럽다. 행동도 나이에 맞는지 따져야 한다. 몸만 어른이 되었을 뿐인데 "나잇값 좀 해"란 말을 듣는다. 나잇값에 맞게 옷도 입어야 한다. 어릴 때 입던 짧은 치마, 핫팬츠를 입으면 눈초리가 따갑다. '내 나이가 어때서'란 억울한 마음이 생긴다. "나잇값은 도대체 어떻게 하는 건데?"라고 묻고 싶다. 나라는 사람도 모르는데 나잇값을 어떻게 해야 하는 걸까? "누가 좀 알려줘!" "누가 나한테 정답을 알려줬으면 좋겠다!"라고 소리치고 싶다.

나는 마음을 알기 위해 나 자신을 아는 것부터 필요했다. 지인들에게 나에 대해 물었다. "나는 어떤 사람이야?"라고. "좋은 사람이지"란 대답을 들었다. 내가 좋은 사람인 것과 내 마음은 상관이 없었다. 한 달 전쯤 방에서 놀고 있는 아이 앞에서 "마음이 왜 이렇지?" 하고 혼잣말을 했다. 아이는 "엄마는 엄마 마음도 몰라?"라고 물었다. 그러면서 "내가 울면 엄마가 말해주잖아"라고 말하고는 방을 나가는 아이의 모습을 보며 나도 누가 내 옆에서 "네 마음은 이런 상태야. 이럴 땐 이렇게 해"라고 말해주면 얼마나 좋을까 하는 생각을 했다. 나이 사십이 다 되는 동안 내 마음 하나 모르는 어른이 되었다. 어떤 마음인지 왜 그런지도 모르는 '감정 미아' 상태다. 길을 잃었지만 어른이란 이름은 누구에게 물어볼 수 없게 한다. 어디서 배울 수 없다. 누가 알려주지 않는다. 그럼 내 마음은 어떻게 찾아야 할까?

마음이란 도대체 뭘까? 궁금해서 찾아본 '네이버 지식인'에 채택된 답변 내용은 이렇다.

"나를 움직이게 하는 거대한 힘의 원천. 그 안에 삶에 필요한 모든 게 들어 있다."

여태껏 나를 움직이게 하는 힘은 타인이었다. 다른 사람에게 잘 보이고 싶은 마음, 사랑받고 인정받고 싶은 욕구였다. 그래서 칭찬받고 격려를 받으면 더 잘하고 싶은 마음이 샘솟았다. 반대로 무시당하거나 지적받으면 금방 움츠러들었다. 다른 사람의 반응에 따라 기분도 오르내렸다. 이것은 주위 사람도 힘들지만, 나 자신도 편하지 않다. 언제나 예민하게 사람들의 눈치를 보기 때문이다. 내가 좋아하지 않아도 다른 사람이 좋아할 것 같아 선택할 수 있다는 이야기다. 정작 내가 뭘 좋아하는지 생각하지 않는 것이다.

그걸 깨달은 건 옷장을 열어보고 나서였다. 어느 날 나는 계절이 지난 옷을 정리하기 위해 옷장을 열었다. 옷장엔 결혼 전 입은 옷이 한가득 걸려 있었다. 여러 옷을 둘러보고 깨달았다. 내가 고른 옷보다 다른 사람이 골라준 옷이 많았다. 이 옷은 일할 때 입으려고 산 옷, 저 옷은 친구가 골라준 옷, 이 옷은 입으면 원장님이 좋아했던 옷, 저 옷은 남편이 골라준 옷…, 내 생각보다 남의 생각이 많이 들어 있는 옷들이었다. 내 집에 있는 남의 옷장인 셈이다.

아이를 낳고 산 옷은 어땠을까? 묻어도 티가 안 날 어두운 색, 아이 피부에 자극이 없는 면, 세탁이 쉬운 옷, 집에서 편하게 입는 옷…. 익숙해서 미처 깨닫지 못했다. 엄마인 내 옷은 입기 위해 가지고 있는 옷이란 사실 말이다.

말과 행동은 어땠을까? 온통 이것도 좋은 사람이려고 애쓴 흔적이다. 마음은 절대사절이지만 현실은 어색한 예스다. 하고 싶은 말도 하고 싶은 행동도 뭐하나 속 시원히 한 게 없다. 남에게만 좋은 사람이니 내 마음은 무시하고 살았다. '남을 설득하는 것보다 내가 포기하는 게 더 빠르니까. 다른 사람과 관계가 틀어지느니 나만 참는 게 낫겠지'란 생각으로 살았다.

그러다 우연하게 필사를 시작했다. 성공한 사람의 생각에 대해 배우기 위해서였다. 그런데 나는 필사를 통해 내 마음을 생각해보게 되었다. 김도사, 권마담 저자의 《새벽 5시 필사 100일의 기적》 중에 이런 내용이 있다.

"혼자만의 시간이 중요하다. 혼자 있어야 타인의 말과 생각에서 자유로워진다. 내가 원하는 것에 집중하게 된다."

이 말을 보고 나도 나만의 시간을 찾으려 했다. 나의 아침부터 밤까지의 시간은 아이들과 함께하는 시간이었다. 고민하다가 책 제목처럼 해보자 생각했다. 새벽 5시에 일어났다. 처음에는 엄마의 빈자리를 느낀 아이들이 울며 나를 찾았다. 한 달 정도가 지나니 아이들은 "엄마 공부하러 가?"라고 묻고는 다시 잠에 든다. 밖을 내다보면 사방이 어둡다. 깜깜한 방에 불을 켜고 앉아 있으면 고요하다. 한 글자, 한 단어씩 쓰면서 생각하게 된다. 내 하루의 필사가 쌓이다 보니 새벽 시간이 익숙하다. 누군가의 아내도 아이 엄마도 아닌 시간에 적응한다. 처음에는 내가 좋아하는 것이 뭐가 있나 생각하고 적었다. 왜 좋아하게 되었는지 고민했다. 내가 가고 싶었던 곳, 내가 하고 싶었던 것에 대해 상상했다. 이루어졌을 때 어떤 기분이 들지 떠올렸다. 점점 내가 행복해지는 일에 대해 생각할 수 있었다. 그 시간이 지나자 내가 가지고 있는 것들에 대해 감사하게 되었다.

이샛별 저자의 《수학을 잘할 수밖에 없는 수학 공부법》이란 책에는 코칭에 대한 이야기가 있다.

"선생님들이 일방적으로 가르치는 티칭이 아니라 아이들이 스스로 알아가게 도와주는 코칭을 해야 한다."

마음에는 코칭이 필요하다. 내가 잊고 있던 것은 다른 사람이 가르쳐 줄 수 없다는 것이다. '마음코칭'이란 누군가 알려주는 것이 아니다. 내 스스로 알아가야 하는 것이다. 방치해둔 나의 내면을 바라보는 일이다. 타인의 생각이 아닌 내가 생각하는 힘을 키우는 일이다. 문제가 생겼을 때 해결할 수 있는 힘을 내 안에서 찾는 일이다. 그것은 비난을 받는 상황에서도 나를 포기하지 않는 것이다. 내 스스로 나를 응원하는 것이다. 나를 사랑하면 다른 사람과의 관계에도 중심이 생긴다. 결국 마음코칭이란 나라는 사람에 대해 가장 많이 아는 사람이 내가 되는 일이다. 내 마음을 살피는 일은 어색하고 시간이 오래 걸릴 수 있다. 하지만 잊지 말고 노력해야 한다. 나를 가장 사랑하는 것은 나라는 사실과 이 모든 과정들은 능숙해질 수 있다는 것을 믿자.

괜찮은 척, 만족한 척, 충분한 척은 이제 그만!

내 손가락에는 흉이 남아 있다. 셋째, 넷째 손가락을 3바늘 정도 꿰맨 자국이다. 그날은 오토바이 뺑소니를 당한 다음 날이었다. 싱크대 옆에서 과일을 자르고 있었는데, 순간 다친 다리에 힘이 들어가지 않아 중심을 잃으며 그대로 과도에 손을 베었다. 바닥에 피가 뚝뚝 흐르기 시작했다. 지혈을 해야겠다는 생각에 눈에 보이는 수건으로 손을 감쌌다. 그리고 바로 병원으로 가려고 옷을 갈아입으려 했을 때였다. 두 사람이 집 문을 두드렸다. 반투명 유리문 뒤에서 "예수님을 믿으세요"라고 말했다. 없는 척하려고 했는데 통증에 소리를 냈다. 전도를 하는 사람들은 "우리 같이 얘기 좀 해요. 이 문 열어보세요"라며 문을 두드렸다. 나는 사람들을 얼른 보내고 병원에 가야겠다고 생각했다. "지금은 급한 일이 있어요"라고 말하며 가달라고 부탁했다.

하지만 사람들은 전도를 쉽게 포기하지 않았다. 급한 일이 뭔지 물으며 문을 열어달라고 말했다. 괜찮다고 말하며 거절하니 계속 나를 설득하려 했다. 10분을 문 앞에서 서성였다. 어느 새 얇은 수건은 피로 얼룩덜룩해졌다. 얼른 가달라고, 필요 없다고 말한 뒤에야 나는 집을 나설 수 있었다. 근처 병원을 생각해보니 어제 사고가 났던 병원 앞이 생각났다. 버스 정류장 앞 정형외과였다. 서둘러 병원으로 달려갔다.

의사는 손을 보더니 꿰매야겠다고 말했다. 손 위에 구멍 뚫린 전단지를 올리고 그 위에 핏자국이 있는 구멍이 난 초록색 천을 덮어주었다. 손 위에 왜 전단지를 올려야하는지 이상했다. 깨끗한 천이 아니라 얼룩진 천을 덮어주는 것도 의문이었다. '여기서 안 하면 다른 병원을 또 찾아야 돼. 괜찮아. 병원에서 이상한 걸 해주겠어? 원래 이런 거겠지'라며 혼자 괜찮다고 되뇌었다.

곧 마취를 시작했다. 세 번째 손가락에 마취주사를 찔렀다. 마취 후 꿰맬 준비를 하던 의사는 "아, 여기도 꿰매야 하네?"라고 말했다. 네 번째 손가락도 꿰매야 한다고 했다. 그리고 내 얼굴을 보며 "마취하려면 기다리고, 마취주사도 아플 거예요. 마취 안 하고도 통증은 비슷하니까 그냥 꿰매도 괜찮죠?"라고 말했다. 나는 "네, 괜찮아요"라고 말했다. 그리고 의사는 마취 없이 꿰매기 시작했다. 손가락을 바늘로 찌르고 매듭을 질 때마다 통증이 있었다. 의사는 봉합 후에 "괜찮죠?"라고 물어봤다. 나는 아파서 눈물을 흘리며 대답했다. "괜찮아요"라고.

다친 사람을 보고 외국인이 다가와 "Are you OK?"라고 물어보면 한국인인지 아닌지 알 수 있다고 한다. 한국인은 "I'm find, thank you. And you?"라고 말한다는 웃픈 농담이다. 내가 반사적으로 하는 괜찮다는 말은 이 농담과 다를 바가 없다.

　괜찮지 않을 때도 괜찮다고 말하는 이유에 대해 생각할 때가 있다. 아마 첫 번째는 말버릇일 거란 생각이 든다. 계속 말하다 보니 반사적으로 나오는 말이다. 그리고 가끔은 내 괜찮다는 말에는 소망이 들어 있는 것 같다. 괜찮아지길 바란다는 것과 언젠간 괜찮아질 거라는 희망이다. 자꾸 말하다 보면 이루어질 것 같다. 괜찮다는 말은 괜찮아지려고 노력하겠다는 내 다짐 같다.
　어떨 때는 남과 비슷해지려고 말한다. "너는 어때?"라는 말에 "나도 괜찮아"라고 말한다. 다른 사람의 의견에 동조하는 것이다. 괜찮다는 말 속에 나는 안 괜찮은 자신을 숨겨왔다. 내 스스로를 속이며 살았다. 나쁜 의도는 아니었지만 다른 사람도 속인 것이다.
　아이들은 솔직하다. 아이가 잘못을 하고 숨기려 할 때 우리는 "거짓말 하지 말고 이야기해!"라고 말하며 아이를 다그친다. 솔직함이 미덕이라 말한다. 그런데 우리는 아이에게 매년 거짓말을 한다. 매년 12월 25일 크리스마스를 기다리는 아이가 엄마에게 묻는다. "엄마, 산타할아버지는 있어?" 아이의 눈은 기대감에 반짝인다. 나는 "그럼! 산타할아버지는 있지"라고 말한다. 산타할아버지가 원하는 선물을 주실지 아이는 하루 종일 설레며 기다리고, 언제 선물을 받을 수 있는지 궁금해하는 아이에게 아침이면 산타할아버지가 두고 가신 선물을 확인할 수 있다고 말해준다.
　아이에게 동심을 심어주기 위한 선한 거짓말을 한다. 아이에게 "거짓말은 나쁘다" 말하고 반대로 행동한다. 어른인 우리는 배려라는 이름의 여러 '척'들을 하고 산다. 착한 사람들의 척은 더 많다. '이건 다른 사람을 생각해서 말하는 거야' 하며 자기합리화를 한다.

"저 포도는 너무 시어서 맛이 없을 거야"라고 말하던 《이솝우화》 속 여우처럼 말이다.

지인들이 해외여행이나 캠핑을 다녀오고 너무 좋았다고 다음에 가보라고 권유할 때가 있다. 부러운 마음에 나도 한번 가볼까라는 마음이 든다. 그러나 '지금 형편에 다녀온다고? 다녀와서 손가락만 빨고 살 생각이야?'라는 생각이 가로막는다. 어떻게 해야 할지 한참을 고민한다. 마음으론 부럽고 가고 싶다. 그러나 비용을 생각하면 선뜻 가겠다는 말이 나오지 않는다. 가계부 지출이 큰 걸 생각하니 가기도 전에 걱정이 된다. '빚지고 갈 순 없잖아. 돈 모아서 나중에 가면 되지. 빚 없이 사는 게 어디야. 요새 코로나라 어디 돌아다니면 큰일 나. 건강이 최고지. 아이들은 놀이터도 좋아하니까 그냥 주말에 놀이터나 가자'라고 혼자 결정한다. 스스로 여행을 못 갈 이유를 찾으면서 자기합리화를 시작한다. 결국 이번에도 나는 여행은 가야지 생각만 하고 미룬다.

아쉬운 생각이 들면 '지금 이 정도면 충분하지. 뭘 더 바래?'라고 생각하기 시작한다. 가고 싶다는 마음을 인정하면 부러워하는 것도 인정해야 한다. 부러운 감정이 들면 지금의 내가 부족하게 느껴지기 때문이다. 억지로라도 현재에 만족하지 않으면 안 될 것 같은 강박마저 든다. 그러면 다른 사람들에게 "나는 지금도 괜찮아. 충분해"라고 말하는 것이다.

나는 속 깊은 이야기를 하는 일이 거의 없다. 괜찮은 척하며 살아온 것을 드러내야 하기 때문이다. 내가 부족하고 괜찮지 않은 상태라는 걸

들키는 건 두렵다. 밝게 보이는 나에 대한 인식이 달라질 것 같다. 그래서 다른 사람에게 별로인 내 상태를 밝히지 않는다.

그런데 이렇게 사는 건 힘이 든다. 언제나 혼자서 감당해야 한다. 괜찮지 않은데 괜찮은 척하며 웃어야 한다. 불만족스러운 상황을 만족한다고 말하기에 충족되지 못한다. 충분하지 않기 때문에 항상 부족한 상태인 것이다.

사람들은 보이는 모습으로 판단한다. 내가 말하는 대로 행동하는 대로 생각한다. 내가 괜찮다고 말하면 '괜찮은가 보네'라고 인식하는 것이다. 마음과 반대로 행동하기 때문에 같은 일은 반복된다. 내 상황은 변하지 않는다.

우리는 살면서 많은 척을 해왔다. 있는 척, 아는 척, 잘난 척하는 삼척동자들은 비난을 받는다. 그러나 우리의 괜찮은 척, 만족한 척, 충분한 척들은 다른 사람을 배려하는 것이라고 생각되기 쉽다. 그래서 다른 사람의 비판 대신 인정을 받으며 살아왔다. "쟤는 행복하게 사는 것 같아"라는 말을 듣는다. 자기 생활에 만족하며 현재의 행복을 누리는 것처럼 다른 사람에게 보여주는 것이다. 괜찮은 척하면 괜찮은 인생을 사는 것 같다. 현재에 만족하는 게 내 분수에 맞게 산다고 생각한다. '안분지족'의 삶이라 인정해준다. 그래서 만족한 척 자신도 속인다. 충분한 척하며 살게 되면 욕심이 없는 것으로 보인다. 작은 것에도 행복해지는 사람으로 나를 내보인다. '이만하면 잘 살고 있다, 이만하면 행복하다' 하면서 나조차도 속이는 것이다.

하지만 우리 자신은 알고 있다. 사실은 괜찮은 척, 만족한 척, 충분한 척을 하며 살고 있다는 것을 느낀다. 때때로 혼자 있을 땐 괜찮지 않은 자신과 만난다. 불만족하고, 부족한 자신을 깨닫는다. 우리는 그런 만족

사양합니다, 착한 사람이라는 말

스럽지 않은 자신과 마주하고 인정해야 한다. 좋은 면만 있는 사람은 없다. 싫은 면도 나 자신이다. 우린 모두 양면을 갖고 산다. 좋은 면과 싫은 면이 합쳐진 온전한 사람으로 살아가자. 개리 비숍(Gary J. Bishop)은 그의 책 《내 인생 구하기》에서 이렇게 말했다.

"마음이 만들어 놓은 덫을 빠져나오는 사람이 그토록 적은 데는 이유가 있다. 하루하루 살다 보면 이 덫이 그냥 괜찮아 보이는 경우가 너무 많기 때문이다."

4장

타인과 친밀해지면서
사람으로부터 편안해지는 연습

다른 사람보다 나를 먼저 챙겨라

결혼 전 철마다 옷을 사던 친구가 있었다. 봄엔 봄이라 옷을 사고, 여름이면 여름옷을, 가을이면 풍경과 어울리는 옷을 겨울엔 추우니까 옷을 샀다. "매번 사도 입을 옷이 없다"고 말했다. 그런 멋쟁이 친구는 결혼을 하자마자 180도 달라졌다. 친구 집에 가면 매번 편안한 차림이었다. 철마다 자기 옷을 사던 친구는 이제 아이 옷, 남편 옷만을 샀다. 내가 "요즘은 왜 네 옷 안 사?"라 물어보면 "이젠 백화점에 가도 아이 옷이랑 남편 옷만 보여"라고 말했다. 그리곤 멋쩍은 웃음을 지으며 "아이를 낳으니 이렇게 되네"란 대답을 했던 기억이 난다. 내 멋진 친구가 결혼과 동시에 자기를 희생하는 모습에 속이 상했다.

나는 결혼 후에도 '나를 챙기며 살아야겠다' 다짐을 했지만, 그 결심은 처음부터 흔들렸다. 임신으로 몸이 불어나자 결혼 전 샀던 옷들은 하나둘 몸에 맞지 않게 되었다. 처음에는 한 두 벌 정도 임부복을 구매하기도 했다. 하지만 곧 '입고 나갈 곳도 없는데'라는 마음에 쇼핑을 그만두게 되었다. 또 결혼 후 갑작스런 외벌이로 소득이 줄어들어 아껴야만 했다. 임신으로 몸무게가 20킬로그램이 늘자 곧 남편이 입던 옷이 나의 일상 옷이 되어버렸다. 친구가 그랬던 것처럼 말이다. 어떤 엄마가 되어야 하는지 고민하는 일이 끝나기도 전에 아이가 태어났다.

아이가 태어나자 모든 일은 아이를 중심으로 돌아갔다. 2시간에 한 번 하는 수유로 조각 잠을 자고 유축을 했다. 출근하는 남편은 다른 방을 사용하고 나와 아이 둘만 큰 방에 덩그러니 남는다. 젖을 먹이는 일은 고통스러웠다. 유두가 헐어서 먹이고 나면 약을 발라야 했다. 아이가 토하거나 열이라도 나면 어찌할 바를 모르고 발만 동동 굴렀다. 매번 있는 예방접종마다 뜬눈으로 아이 옆에서 밤을 보냈다. 첫 아이라 아는 것은 없고 불안했다. 도움받을 곳도 없었다. 손목은 시큰거리고 몸은 저릿했다.

식탁에 서서 우는 아이를 안고 물에 밥을 말아 먹는 일은 일상이었다. 냉장고에 있는 반찬을 꺼내 먹는 것도 우는 아이를 앞두고는 사치였다. 수유하는 내내 며칠, 몇 달을 젖을 잘 나오게 하려고 싱거운 미역국만 먹었다. 온 집안엔 미역의 비릿한 향만 가득했다. 좋아하던 매운 음식도 아이를 위해선 먹을 수 없었다. 나는 '임신 중이 가장 편하다'란 말을 실감했다. '내 아이는 내가 챙겨야 한다'란 생각이 나를 움직이게 했다.

하지만 지쳐가고 있었고 '죽고 싶다'란 생각은 점점 커져갔다. 육아카페에 올라온 '아이가 너무 사랑스러워요', '엄마가 되어 너무 좋아요'란 글을 보면 자괴감은 늘어갔다. 아이를 보면 힘든 일도 모두 사라진다는데 그렇지 않은 나는 모성도 없는 비정한 엄마처럼 느껴졌다. 산후우울증이었다.

사람은 적응의 동물이라 육아는 적응이 되어갔다. 하지만 나라는 존재는 없어진 것 같은 마음은 더 커졌다. 부족한 살림이지만 아이에게 예쁜 옷을 입히고 나는 중고나라에서 구입한 수유복을 입었다. '아이가 자주 토하고 흘리니까 예쁜 옷이 왜 필요하겠어'란 말로 나를 다독였다. 다른 엄마들도 다 이렇게 산다며 나를 달랬다.

아이와 함께하는 것이 일상이 되고 집에 있는 시간이 길어졌다. 아는 사람 한 명 없는 타지에서 나는 할 이야기가 없었다. 첫 손주였던 첫 아이의 사진과 동영상을 매일매일 시어머님께 보내주며 아이 이야기만 할 뿐이었다. 어느새 나라는 사람 대신 OO엄마란 사람으로 변했다. 누구의 엄마로 불리는 내 모습이 너무 초라했다. 아이가 태어남과 동시에 나란 사람은 증발한 것 같았다. 내 마음이 뭔지도 모르고 왜 답답한지도 모른 채 참았다. 그러던 어느 날 퇴근한 남편을 보니 눈물이 났다. 남편에게 울면서 "나는 OO엄마 싫어. 내 이름으로 불러달라 그래"라고 말했다. 남편은 어리둥절해하면서도 별다른 말없이 나 대신 시댁에 내 요구를 말해줬다.

무작정 울며 말하던 내가 얼마나 황당했을까 싶다. 시댁에서는 유별나다고 하셨지만 내 이름을 불러주었다. 그 일 이후로 결혼 10년이 다 되는 지금까지 나는 누구엄마로 불리는 게 아니라 내 이름으로 불린다. 이 작은 일이 결혼 후 내가 나를 챙긴 처음이었다. 만약 남편이 "남들 다 그렇게 사는데 너만 왜 유별나게 그러냐?"고 말했다면 어떻게 되었을까? 아마도 나는 속상하거나 서운한 일이 있어도 혼자만 참아야 했을 것이다. 비난하지 않고 내 의견을 들어준 남편 덕분에 나는 내 의견을 말해도 되겠단 믿음이 생겼다.

그 일 이후 나는 남편에게 재봉틀을 배우고 싶다고 말했다. 그동안은 할까 말까 망설이기만 하던 일이었다. 남편은 수강료가 비싸다고 말했지만 배워야겠다는 내 말에 "한번 해봐"라고 말했다. 나는 집 근처에 있는 개인 공방에 등록했다. 아이를 아기띠로 업고 옷을 만들었다. 그래도 힘들지 않고 신바람만 났다. 생각만 하고 있던 하고 싶은 일을 했기 때문이었다. 아이 티셔츠와 바지를 만들었다. 내가 만든 옷을 입혀보며 기뻐했다. '와, 나도 이런 것도 할 수 있구나!'란 자신감이 생겼다.

초보인 내가 만든 옷은 삐뚤빼뚤했지만 상관없었다. 아이에게 여러 머리 모양을 해주면서 내가 입힌 옷을 입혔다. 그리고 내가 만든 옷 사진을 찍었다. 남편은 아이의 모습을 보곤 "엄마가 네 안티다"고 말했지만 부쩍 밝아진 내 모습을 보며 기뻐했다. 그 후에도 남편은 내가 살까 말까 고민하거나 먹을까 말까 고민할 땐 내 등을 떠밀어 할 수 있게 해주었다. 이런 남편을 만난 건 정말 큰 복이다. 가끔은 내가 아이를 키우듯 남편도 '나를 키워주고 있구나'란 생각이 든다.

김태광, 서정현 저자의 《북유럽 스타일 스칸디 육아법》을 보면 이런 내용이 나온다. 북유럽 육아법은 서너 살짜리 아이들에게도 의견을 묻는다. 아이 자신이 무슨 생각을 하는지, 무엇을 좋아하는지 항상 자신 있게 의견을 말할 수 있다. 자신의 관점이나 가치관을 수시로 표현할 수 있게 하는 것이다. 무엇이 싫고, 무엇이 좋은지 아이 자신의 의견이 있는 주도성을 갖게 한다.

왜 이런 이야기를 하는지 궁금한가? 좋은 사람으로 살아온 사람들은 그동안 자신의 의견이 없는 아이로 살아왔다. 좋은 사람은 내 마음보다 다른 사람의 의견과 평가가 중요하다. 무엇이 좋고 싫은지 말하는 일은 두렵게 느껴진다. 그렇게 평생을 살면 나를 챙기는 일은 점점 어렵다. 내 관점이나 가치관을 생각하기보다 다른 사람을 챙기는 일이 더 쉽다. 다른 사람이 좋아할 일만 하면 되기 때문이다.

내가 하는 고민 모두 그 중심에 '나'라는 사람이 들어 있지 않다. 무엇인가를 결정할 때 나라는 의견보다는 다른 사람의 의견, 다른 사람들의 생각을 더 고민하는 것이다. 그러다 보면 다른 사람은 나를 좋은 사람이라 평가하고 배려심 있는 사람으로 포장해준다. 다른 사람과 의견충돌로 비난받는 일도 없게 되니 마음이 편한 것 같다.

그러나 이것은 위험한 생각이다. 그만큼 진정한 나와는 멀어지는 것이다. 점점 내가 뭘 원하는지, 뭘 해야 할지조차 모르게 된다. 나를 챙기는 것이 무엇인지, 그리고 어떻게 챙겨야하는지 도통 감도 잡히지 않는다. 나라는 중심이 약하니 작은 비난에도 흔들린다.

길을 잃은 나를 챙기는 것은 쉽게 말해 나라는 아이를 돌보는 육아다. 아이를 키울 때 소통과 교감이 중요한 것처럼 나를 챙기는 것도 이와 같다. 처음에는 어색하고 어려울 수 있다. 뭐든지 처음이 힘들다. 날 때부터 육아의 달인은 없다. 애 셋 엄마도 처음엔 두려움에 떠는 초보 엄마였다.

"다른 사람보다 나를 먼저 챙기자"라고 스스로에게 말해보라. 나를 먼저 챙기겠다고 말하는 과정이 첫걸음이다. '내가 이렇게 말해도 될까? 다른 사람이 나를 어떻게 생각하겠어?'란 걱정이 생길 수 있다. 하지만 나 자신이 없는 존중은 진정한 존중이 아니다. 내가 나를 생각하고 소중히 여겨야 다른 사람도 나를 존중한다. 나를 챙기는 과정은 다른 사람과 내가 건강한 관계를 지속할 수 있게 도와준다. 오늘부터라도 나를 챙기겠다 말해보라.

오늘 잘해도 내일은 못할 수도 있어. 못해도 괜찮아

　첫째 아이는 피아노를 배우고 있다. 피아노학원에 다니면서부터 아이는 자기 전 피아노 연주곡을 틀어달라고 요청한다. 그런데 검색을 하다 보면 유튜브 알고리즘에 100일 연습 영상이 나올 때가 있다. 영상을 보면 시작은 서툴다. 처음엔 한 손만 더듬거리며 친다. 50일쯤 되면 어설프게 연주를 한다. 아이는 영상을 보며 "왜 이렇게 못 쳐?"라고 말한다. 그리고 100일이 되어 몰라보게 달라진 연주 실력을 들으면 깜짝 놀라 "같은 사람 맞아?"라고 말한다. 영상을 본 후 아이는 노는 사이사이에 피아노 연습을 한다. 때로는 피아노를 치며 짜증을 낸다. 이유를 묻자 이렇게 말한다. "아까는 잘됐는데, 지금은 안 되잖아"라고. 잘하지 못하는 스스로에게 화가 난 것이다. 혼잣말로 투덜거리며 연습한다. 잘하려고 노력하는 걸 보면 짠하다. 나는 아이에게 "잘하려면 시간이 필요해"

라고 말했다. "나는 지금 당장 잘하고 싶다고!" 하며 소리치는 아이를 보면 나를 보는 것 같다. 당장 눈에 띄는 변화를 보고 싶어 하는 내 조급함도 보인다. 아이가 내게 자주 말하는 단어가 있다. "지금. 당장!"이라는 말이다. "엄마 나 배고파. 간식 줘"라고 했을 때, 내가 잠시만 기다리라고 하면 "지금 당장 줘"라고 말한다. 아이에게 기다려달라고 다시 부탁하고 나서 생각하게 된다. 내가 그동안 아이에게 어떤 말을 많이 했는지 자기반성이 되는 것이다. '아이는 부모의 거울'이라 한다. 당장의 결과를 바라는 아이의 행동과 말은 나를 돌아보는 계기가 되었다. 생각해보면 빠른 결과를 바라는 건 나도 마찬가지다.

우리는 자라면서 눈에 보이는 빠른 행동만을 요구받는다. 어릴 땐 "빨리 숙제해", 학교 다닐 땐 "빨리 공부해", 어른이 되어서는 "몇 시까지 한 거 가져와"란 빠른 결과만을 요청받았다. 빨리빨리 속에서 자란 어른은 식당에 가서 주문한 지 5분도 안 되어 "왜 음식이 안 나와?"라고 보챈다. 빨리빨리가 당연한 일이 된 것이다. 아이들에게 <토끼와 거북이> 동화 속 거북이처럼 노력하라고 하면서 이것을 삶에 적용하지는 않는다. 처음 배우는 일도 금방 익히고 잘할 것 같다. 높은 기대치에 맞춰 '최소 이 정도는 해야지'란 생각을 갖는다. 못하면 최소한의 것도 못한 사람이 된다. 능숙한 다른 사람과 비교하면 나는 못하는 사람이 된다. 나를 탓하거나 포기하는 것이 편할지도 모른다는 생각을 한다. 거북이처럼 느릿한 자신은 참을 수 없다.

유튜브 '라이브 아카데미'에서 빨간모자 영어쌤은 이런 말을 했다. "영어를 잘하는 사람을 보면 부러워하지 말고 그 사람이 영어에 쏟은 시간과 노력을 따라 해라"고. 그리고 영어를 잘하는 사람에게 영어공부를 한 기간을 물어보고 "5년간 했어요"란 대답을 들었다면 어떤 생각이 드는지 묻는다. '5년이나 공부했어? 대단하네'란 생각이 아니라 대부분 '5년 만에 저렇게 잘해?'라고 그 사람이 들인 시간과 노력을 축소한다는 것이다. 그 말을 들은 나는 공감했다. 정작 나는 '5년 동안 공부를 해야겠다'란 긴 계획을 세운 적이 없다. 남편이 배운 것을 말해보라는 말에 떠오르는 게 없다. 1년을 공부하고도 영어 실력은 그대로다. 성장한 모습이 없어 실망한다. 바로 잘할 수는 없을까 지름길을 찾는다.

내 자신을 기다리는 일은 이렇게 힘들다. 더욱이 어른이 된 나는 잘하고 있는지 확인해줄 사람이 없다. 다른 사람의 칭찬으로 동기부여를 가지기도 어렵다. 내 노력을 칭찬해주는 타인은 거의 없다. 긴 과정 속에서 내가 맞는 길을 찾았는지 잘하고 있는지 알려줄 사람도 나 혼자다. 나에게 용기를 주고 격려를 해주는 사람도 나 자신뿐이다.

아이를 키우면서 '에릭 에릭슨의 발달단계'에 대해 자주 듣는다. 학교 다닐 때엔 그저 이론처럼 생각했다. 내가 아이를 낳고 키우니 한번 생각해보게 된다. 에릭 에릭슨의 심리사회적 발달단계에는 '자율성 대 수치심'이라는 단계가 나온다. 3~6세 유아기 시기다. 자신이 원하는 것을 성취했을 때 주도성이 생기고, 실패했을 때 죄책감이 발생한다는 것이다. 그런 이유로 실패 경험을 미연에 차단하려는 부모도 있다. 아이가 경험할 일을 대신해주는 것이다. 교사로 근무할 때 이런 일이 있었다. 5세 반 아이가 화장실에서 울고만 있는 것이다. 이유를 묻자 아이가 말했다.

"엄마가 안 해줘서 바지를 못 내리겠어요."

다섯 살 아이가 자라는 동안 혼자 하는 법을 배우지 못한 것이다. 그 후 화장실에 가서 혼자 할 수 있도록 지켜보고 격려해주었다. 처음에 아이는

"나는 못해요. 해주세요"라고 말했다. 어려워했지만 언제든 도움을 받을 수 있다는 것을 알고 점차 혼자 하는 방법을 익혔다. 혼자서 다녀온 후에는 "선생님 나 했어요"라며 큰 소리로 외쳤다. 아이가 좌절하는 것이 걱정되어 부모가 대신 해주는 행동은 무언가를 시도하는 도전조차 하지 못하게 하는 행동이라는 걸 그때 알았다.

나는 시도조차 않고 포기하는 일이 많았다. 아이에겐 이런 반응을 해준다. "열심히 했네", "이 정도도 잘했어", "한두 번으론 안 될 수 있어", "저번보다 훨씬 나아졌네", "어떻게 이런 도전을 했어?", "이런 생각은 어떻게 한 거야?" 하고 아이의 시도를 인정하고 칭찬해준다.

어른인 나에겐 그저 못한 일을 떠올리며 탓하기만 했다. 나에게도 내 시도를 인정해주는 게 필요하다. 나는 다른 사람의 반응이 걱정되어 시장에서 "물건값 깎아주세요. 덤으로 더 주세요"란 말을 하지 못한다. 내게 이 과정을 적용하면 어떨까? 결과야 어떻든 말해보는 것이다. "이거 좀 더 주세요"라고. 그렇게 시도하고 나면 내 시도를 칭찬하자. '너 정말 잘했다. 좀 더 달라고 하다니 대단한 걸? 다음에는 할인해 달라고 말해볼까?' 내게 도전할 수 있는 기회를 주는 것이다.

그동안 나는 스스로에게 너무 적은 성공 경험을 안겨주었다. 쉽게 안된다 짐작하고 포기했다. 생각이 많아서 그걸 거듭하다 보면 부정적인 생각으로 흐르는 게 대부분이다. 계획을 세우고 그 계획에서 벗어나는 행동을 하면 금방 불안한 마음이 든다. 불안한 마음은 또 부정적으로 변한다. 이런 나에게 용기를 주는 방법은 뭐가 있을까 생각해봤다.

나는 자기 전에 하루에 있던 일을 생각한다. 하루를 회상하면 내가 하지 못했던 일이 떠오른다. 하지 못한 일은 속상한 일, 힘든 일이 된다. 그동안은 '내가 왜 그랬지?'란 죄책감과 반성으로 하루를 마무리했다. 불편한 마음은 잠을 자는 내내 걱정으로 남고 불면증으로 이어졌다. 다음 날도 전날의 영향을 받는다. 이런 악순환에서 나오려면 다른 방법이 필요했다. 전문가들은 나 스스로를 인정해주는 것이 중요하다고 말한다. 나도 나를 인정해주고 격려해주기로 결심했다.

어느 날 저녁 자기 전 내가 하지 못했던 일, 후회되는 일이 떠올랐다. 그리고 이렇게 생각해보았다. '나는 아이가 울 때 좋은 엄마가 되지 못한 것 같았구나. 그래서 미안하고 후회했구나. 그래도 괜찮아. 내일은 더 좋은 엄마가 될 거야', '나를 무시하는 말을 들었을 때 기분이 나빴구나. 내가 존중되지 않는 기분이 들었구나. 서운했구나. 괜찮아. 나아질 거야'라고.

잘한 일이 떠오르면 '아이의 사랑한다는 말에 행복한 마음이 들었구나. 잘했어. 앞으로도 더 행복해질 거야'라고 스스로에게 말했다. 그렇게 자기 전 '괜찮아. 나아질 거야', '정말 잘했어'라고 말했다. 스스로에게 괜찮다고 말하는 것만으로도 마음이 가벼워지고 '잘했다'하면 더 잘해낼 것 같았다.

어쩔 때는 괜찮다고 몇 번씩 말해도 괜찮아지지 않을 때도 있다. '이렇게 해봤자 바뀌는 건 하나 없어. 이런 걸 왜 하고 있어?'란 회의감이 생긴다. 그럴 땐 멈춰도 괜찮다. 괜찮아지지 않을 때도 괜찮다. 부정적인 감정을 되새기는 일만 하지 않으면 된다. 그런데 부정적인 감정에서 벗어나는 일은 어렵다. 부정적인 생각을 하지 말아야지 한다면 더 부정적인 생각을 하게 된다. 생각에 생각을 거듭하면 생각의 무게에 눌리게 된다. '이제 그만 해야겠다'라며 포기하게 된다.

나는 이런 방법을 사용한다. '괜찮아. 나아질 거야'라고 녹음해둔다.

그리고 내 부정적인 생각을 말한다. 그리고 녹음된 음성을 튼다. 내 말에 대답하는 것처럼 하는 것이다. 녹음된 목소리는 내 목소리지만 다른 사람이 내게 말해주는 것처럼 느껴진다. 혼자 생각만 하는 것보다 목소리로 들으면 위로가 된다. 그리고 블랙홀을 상상하며 부정적인 생각이 돌아오지 않게 비운다. 블랙홀은 우주의 모든 것을 빨아들이는 우주의 청소기다. 나는 커다란 블랙홀이 내가 버리는 부정적인 생각을 빨아들이는 상상을 한다. 부정적인 생각이 사라지면 내가 가지고 있는 것에 감사할 수 있는 힘이 생긴다.

NBA의 농구 선수였던 마이클 조던은 이런 말을 했다.

"당신이 그 일을 해내려고 한다면, 먼저 당신 스스로 해낼 수 있다고 믿어야 한다."

오늘 잘해도 내일은 못할 수 있다. 오늘 시도한 일을 못해서 실망했다면 내일 더 잘할 수 있다 생각해보자. 자신을 탓하며 시도할 기회를 빼앗지 말자. 좌절이 무서워 시도하지 않는다면 잘할 수 있는 기회도 없다. 나는 완벽하지 않다. 잘할 수도 있고 못할 수도 있다. 내가 더 잘하는 것도 분명 있다. 모르겠다면 아직 발견하지 못한 것이다. 나를 발견할 기회를 주자. 나를 포기하지 말자. "못해도 괜찮아. 이런 나도 괜찮아. 그래도 한번 해보자"라고 말해주자. 보이지 않지만 나는 매일 더 나아지고 있다. 나는 더 잘할 수 있다. 내가 포기하지만 않는다면 나는 더 나은 사람이 될 수 있다는 걸 믿어야 한다.

내 감정에 이름표 붙여주고 유통기한 정해주기

아침에 일어나자마자 첫째 아이가 말한다. "아, 짜증나"라고. 엄마인 나는 어리둥절하다. 아침에 눈을 뜨자마자 짜증난다니 이유를 알 수 없다. 짜증내는 아이를 보다 "왜 아침부터 짜증을 내?"라며 나도 같이 짜증을 내기 시작한다. 사실 첫째 아이의 "짜증나"의 말 속엔 여러 가지 뜻이 숨어 있다.

아이는 아침에 늦게 일어났다. 생각해보니 전날 첫째 아이는 동생들에게 "우리 내일 일찍 일어나서 텔레비전을 보자"라고 말했다. 그런데 늦게 일어나서 방영시간을 놓쳤다. 아이는 보고 싶은 프로그램을 놓친 아쉬움과 자기가 계획한 것이 어그러져 속상한 것이었다. 잘해내고 싶은 마음이 좌절된 것이다. 이 모든 마음이 섞여 "짜증난다"라는 말로 포장된 것이다. 하지만 짜증이라는 부정적인 표현 때문에 아이의 마음

사양합니다, 착한 사람이라는 말

한이 있다. 이 기한을 넘기고 먹어도 건강에 이상이 없고 괜찮을 수 있다. 하지만 우유가 상해서 몸에 탈이 나는 경우도 있다. 유통기한은 보관방법에 따라 길어질 수 있고 짧아질 수도 있다. 내 감정도 그렇다. 우리는 부정적인 표현을 좋아하지 않는다. 그래서 내 부정적 감정을 무시한다. 다른 사람에게 표현하지 않고 어물쩍 넘어간다.

누구에게도 위로받지 못한 감정은 다른 감정보다 더 오래 지속된다. 다른 사람과 나 스스로에게 모두 외면받은 것이다. 해소되지 못한 감정은 우유의 유통기한 같다. 어떨 때는 괜찮을 수도 있고 탈이 날 때도 있다. 괜찮다고 계속 감정을 쌓아둔다면 나중엔 더 둘 곳이 없다.

지금이든 나중이든 내 감정을 돌아보는 일은 필요하다. 숙제 같은 기분이 들 것이다. 숙제가 생기자마자 바로 할지, 미루고 나중에 할지는 나의 선택이다. 다만 끝없이 미룰 수는 없다. 언젠가는 해야 할 일이다. 산더미처럼 쌓인 감정 숙제는 결코 즐거운 일은 아닐 것이다.

내 마음은 들여다보는 연습이 필요하다. 들여다봐야 내 마음을 꺼낼 수 있다. 꺼내야 다른 사람도 나를 알 수 있다. 내 감정도 말로 해야 한다. 우리는 그동안 감정표현을 너무 미뤄놓은 탓에 쉽지 않다. 우리는 우리의 감정이 어떤 상태인지 들여다봐야 한다.

우리는 그동안 다른 사람의 감정과 생각에 관심을 갖고 생활했다. 그래서 타인의 감정에는 민감하지만 정작 내 감정엔 무감각하다. 나에게 관심을 두지 않는다면 다시 타인에게만 초점을 맞추고 생활하기 쉽다. 타인의 눈치를 보는 건 익숙한 일이고, 나를 챙기는 건 낯선 일이다. 노력이 필요하다.

나는 부정적 감정이 생겨나면 의식적으로 '이 감정을 알아야겠다'고 생각하려 했다. 나중에 하자, 있다가 하면 된다고 미룬다면 그것은 안 하겠다는 말과 같다. 미루기는 내가 능숙하게 잘하는 일이었다. 그러니 '지금 바로 행동하겠다' 마음먹어야 한다. 그리고 내 감정에 이름을 붙여주자. 서운한 건지, 무기력한 건지, 화가 난건지, 슬픈 건지 등, 각자의 감정에 이름을 붙여 불러줘야 한다.

내 감정을 쪼개서 나누는 건 어렵다. 당연하다. 해본 적이 없기 때문이다. 우리는 아이들처럼 감정을 제대로 표현하지 않고 단순한 표현을 반복해왔다. 아이처럼 하나씩 배워야 한다. 아이의 마음을 읽어주는 것처럼 인내심을 갖고 해야 한다.

박성우 저자의 《아홉 살 마음사전》이라는 책이 있다. 초등학교 2학년 교과서에 수록된 도서다. 책의 내용은 우리가 알고 있는 말이 대부분이다. 하지만 우리는 막상 내 감정을 표현할 땐 몇 가지 말만 사용한다. 내 감정을 자각한 뒤 책을 찾아본다. 책에 나온 말대로 감정을 나눠본다. 그러면 생각보다 다채롭게 표현할 수 있다는 걸 알게 된다.

알게 된 다음에는 내 감정을 말로 표현해본다. 마음읽기의 연습 과정인 셈이다. "기분이 좋아"가 아니라 기쁜 건지 뿌듯한 건지 즐거운 건지 구체적으로 알아내서 "나는 지금 뿌듯해"라고 정확하게 말해보자. 긍정적인 감정표현보다 더 중요한 건 부정적인 표현이다. "그냥 기분이 나빠"로 내 감정을 뭉쳐놓지 않는다. 창피한 건지, 조마조마한 건지, 초조한 건지, 울적한 건지 등 어떤 감정에 속하는 지 찾아서 말해봐야 한다. 그래야 이 감정의 유통기한이 짧아진다.

'나는 지금 창피한 마음이 들어서 기분이 나쁘다고 생각했구나'라고 내 마음을 읽어줘야 한다. 그렇게 어떤 마음인지 내가 알아야만 상대방에게도 말할 수 있다. 내 감정을 알고 말하는 것과 아닌 것은 차이가 있다. 한 발 떨어져서 내 자신을 보는 것과 같다. 상대방의 감정이 상하지 않게 말할 수 있는 것이다. 내가 분명하게 말해야 한다. 빨리 표현해야 한다. 이불 속에서 곱씹다가는 감정이 변질된다. 부정적인 감정에 빠지지 않도록 유통기한을 정해주자. 내 감정을 확실하게 알수록 부정적인 감정도 빨리 사라지는 법이다. 나를 사랑해주자. 내 감정을 읽는 건 나를 사랑하는 일이다. 나를 알아가는 일이다. 즐겁고 기쁜 감정의 유통기한을 길게 늘려주자. 그럼 날마다 내 인생이 더 행복해지지 않을까.

《여행, 가장 나답게》의 저자 조헌주는 책에서 이렇게 말했다.

"남의 감정만 존중해줄 것이 아니라 내 감정도 존중해주자. 그리고 표현하자. 지혜롭고, 스스럼없이 조금 더 홀가분한 인생을 살 수 있을 것이다."

작게 시작하기, 성공 확률 100%의 일에 도전하기

우리는 좋은 기업에 취직하거나 부자가 되는 것만이 성공이라고 생각한다. 큰 회사에 다니거나 큰돈을 벌었다는 이야기를 들으면 '성공했다'고 인정받는다. 하지만 모든 사람들이 큰 목표를 이루고 다른 사람에게 인정받는 건 아니다. 나는 새해마다 영어공부하기, 책 100권 읽기, 운동하기, 부자되기 같은 걸 적는다. '꿈은 크게 꿔라'란 명언을 생각하며 매년 세우는 목표다. 그런데 이루기는 쉽지 않다. 영어공부만 해도 그렇다. '영어공부하기, 영어 잘하기'는 얼마 동안 열심히 하다가 점점 느슨해진다. '이래서 못 했어. 저래서 못 했어.' 하지 못했던 이유만 늘어난다. 몇 달이 지나면 굳게 다짐한 마음은 슬그머니 꼬리를 말고 사라진다. 항상 하는 영어공부 시간에 그냥 앉아 있으면 남편이 "요즘엔 영어공부 안 해?"라고 묻는다. "영어공부, 하고 있었는데, 요즘 바쁘네"라고 남편에게 말을 한 뒤 남는 것은 나에 대한 실망감이다. '이런 것도 제대로 못해?'라는 생각이 든다. 다른 사람이 아무 말 안 해도 '못할 줄 알았어. 언제는 제대로 했나?'란 생각으로 날 평가할 것만 같다. 매년 이루지도 못할 계획만 세우는 것 같다. 항상 제자리걸음인 것 같아 마음이 불편하다.

이런 생각을 언제 했을까 떠올려보면 고등학생일 때가 떠오른다. 고등학교 교실 안에서 학생들의 목표는 하나다. 수능 잘 봐서 좋은 대학에 가는 것이다. 그런 목표로 등교를 하고, 수업을 듣고, 공부하고, 학원에 가다 보면 '내가 잘하고 있나?'란 생각이 든다. 쪽지시험, 중간고사, 모의고사, 기말고사 등 매일이 도전이다. 매일이 도전인 하루는 지친다. '나'라는 존재는 없고 학생이라는 이름만 남는다.

어른들의 "공부만 잘하면 돼. 내가 살아 보니 공부가 제일 쉬워. 공부만 하면 되는데 힘들 게 뭐가 있어?"란 말 속에 작아지는 것이다. 나름 열심히 하는데 티는 안 난다. 어른들 눈엔 '죽도록 노력하는 것'처럼 보이지 않는다. 오르지 못할 산을 오르고 또 오르지만, 끝이 없는 기분이랄까.

결혼을 하고 아내로, 엄마로 사는 것도 비슷했다. 다른 가족을 챙기는 일이 우선된다. 아침에 일어나면 엄마의 하루가 시작된다. 아이를 깨워 준비시킨다. 조금 늦게 일어나면 마음이 조급해진다. 그때부턴 어떤 행동을 해도 '빨리빨리'란 말이 붙는다. 아이가 음식을 먹을 때도 "빨리 빨리 먹어", 양치질을 하더라도 "얼른 해", 옷을 입을 때도 "서둘러" 하고 재촉한다. 아이가 학교나 어린이집에 가서야 정신없는 아침이 끝난다. 이런 아침을 보내면 내가 뭘 했나 싶다. 왠지 모를 허탈감마저 느껴진다. 우울한 마음이 차오른다.

우울한 마음은 바로 내가 작아져 있다는 증거다. 작아진 나를 키워야 한다. 작아진 나를 키우는 방법은 거창하지 않다. 작게, 그리고 눈에 보이는 결과가 나는 일을 하면 된다. 시간이 오래 걸리는 일을 하면 하다가 포기한다. 나는 쉽게 할 수 있고 빨리 결과가 나는 일을 시작한다. 자고 일어난 이불 예쁘게 개기, 밥 잘 먹기, 여유를 가지고 샤워하기, 햇빛 아래 있기. 이렇게 작은 일을 한다. 너무 작다고 생각할지 모른다. 나는 아이 셋과 함께 잠이 든다. 아침이 되면 동굴 네 개가 생긴다. 이불에서 몸만 쏙 빠져나간 흔적이다. 한 게 없다고 느껴질 때 그 이불을 개면 안방에 들어갈 때마다 기분이 좋다. 깔끔하게 정돈된 모습을 보면 뿌듯하다. 눈에 보이는 결과다.

밥 잘 먹기도 대단한 일이다. 나는 아이들을 보내놓고 나면 10시쯤 늦은 아침을 먹는다. 제대로 챙겨먹는 것도 아니라 반찬 하나 혹은 국 하나에 찬밥을 먹기 일쑤다. 식구들과 다 같이 먹는 저녁은 국이나 찌개 한 종류에 아이반찬, 어른 반찬 모두 챙긴다. 그런데 나 혼자 먹는 상차림은 소박하다 못해 초라하다. 남편은 잘 좀 챙겨먹으라고 하는데, 나는 속으로 혼자 먹으려고 이것저것 차리는 건 낭비 같다고 생각했다. 그리고 당황했다. '나를 챙기는 걸 나는 낭비라고 생각하는구나'란 생각이 들었기 때문이다

'나는 특별한 사람이다'란 사실을 오래도록 잊어버린 것 같다. 내가 나를 아무렇지 않게 여겼기 때문에 실수나 이루지 못한 목표에 작아진다. 쉽게 흔들린다. 나를 특별하고 소중하게 대할 필요가 있다. 나만을 위한 음식을 차리면 대접받는 기분이 든다. 내가 나를 대접하는 셈이다. 예쁜 그릇에 맛있는 음식을 차린다. 그 앞에 앉으면 나는 중요한 손님이 된다. 나는 나에게 특별한 손님이다. 나는 많은 날을 나를 대접하지 않

고 지냈다. 내 스스로 존중하고, 맛있는 음식으로 배가 부르면 그것만으로도 기분은 나아진다.

그다음에 내가 하는 것은 샤워하기다. 천천히 여유롭게 씻는다. 평소 아이들을 씻기는 시간은 자기 전이다. 나는 아이들을 씻기면서 '얼른 씻고 아이들 재워야지' 란 생각에 마음이 급하다. 씻긴 뒤엔 재우기 바쁘다. 씻기느라 지저분해진 나는 '나중에 씻자'란 생각을 한다. 아이들은 엄마가 없으면 잠이 들지 않기 때문이다.

아침에 아이들을 모두 보내고 기분이 우울할 때 샤워를 하면 나아진다. 상큼한 향의 거품을 거품을 묻히고 뜨끈한 물이 나오는 샤워기 아래에 서 있으면 "아 좋다"란 말이 절로 나온다. 오롯이 나에게 집중하는 시간이다. 결혼한 남편이 화장실에 들어가 한참이 지나도 나오지 않는 이유는 이런 여유 때문인가 싶다. 개운해진 기분으로 밖으로 나간다. 날이 좋은 날 놀이터 벤치에 앉아 하늘을 쳐다본다. 흘러가는 구름을 쳐다본다. 식물은 광합성을 한다. 햇볕 아래에서 나도 광합성을 한다.

이렇게 성공률 100%인 도전을 하면 기분은 나아진다. 내게 실패의 경험만 쌓아줬다면 이제는 성공의 경험도 쌓아줘야 한다. 그리고 인정해줘야 한다. 그래야 나라는 존재도 바다 위 부표처럼 뜰 수 있다. 그동안 나는 '나'라는 부표에 구멍만 냈다. 구멍이 숭숭 뚫려 바닷속으로 가라앉고 있었다. 가라앉는 날 보며 "왜 가라앉는 거야? 당장 뜨라고!" 스스로에게 소리치기만 했다. 나에게 실망하고 화를 내고 자책하는 일은 나를 가라앉게 만드는 일이다. 계속하면 점점 가라앉는다. 나중에는 깊이 가라앉아서 뜰 수 있는 힘도 사라진다.

내게 필요한 것은 계속 질책하고 구멍을 키우는 것이 아니다. 나를 띄

우는 일이다. 내 안에 들어간 물을 빼고 구멍을 막는 일이다. 내가 할 수 있는 작은 성공이 내 안에 들어간 '나는 뭘 해도 안 돼'란 물을 뺀다. 나를 위한 만찬은 '구멍이 뚫린 나를 막는 일'이다. 물이 빠지고 구멍이 메워지면 나도 뜰 수 있다. 세상이라는 바다를 둥둥 떠다닐 힘이 생기는 것이다.

어린이집에 다닐 때 나는 반 아이들과 실험을 했다. 실험 내용은 이쑤시개 부러뜨리기다. 한 아이에게 이쑤시개 한 개를 부러뜨려보라 말한다. 아이는 쉽게 해낸다. 이쑤시개 한 개는 아이 힘으로도 부러진다. 다음으로 나는 아이에게 이쑤시개 다발을 준다. 아이가 아무리 애를 써도 여러 개의 이쑤시개는 부러지지 않는다. 그다음엔 2~3명의 아이에게 해보라고 말한다. 아이들은 하지 못한다. 여러 명의 아이가 힘을 합쳐도 어렵다. 어른인 내 힘으로도 마찬가지다. 이렇게 약한 이쑤시개도 여러 개가 있으면 세진다. 아이들은 무엇을 느꼈을까? 이 글을 읽는 당신은 무엇을 느꼈는가? 내 작은 성공이 모이면 내 안에 있는 성공 경험도 커진다. 성공 경험이 많아지면 나를 긍정적으로 볼 수 있다. 실패 경험이 모이면 나를 작게 만든다. 더 큰 도전을 시도하고, 실패를 하면 더 작아진다.

하지만 성공은 다르다. 성공하게 되면 '그래. 나도 이런 일도 할 수 있어'란 발견의 연속이다. 성공 경험이 나를 크게 만드는 것이다. 큰 실패로 개미만큼 작아졌다면 눈에 보이는 작은 성공을 많이 시도하라. 당연한 것은 없다. 밥 먹기, 샤워하기, 몸 움직이기, 그 어느 하나 가볍지 않다. 내가 작아지면 우울한 감정이 올라온다. 이 당연한 밥 먹기도 하고 싶지 않다. 밥 먹기도 중요하다. 한 번 안 먹었다고 큰일이 나진 않는다.

하지만 매일매일 먹지 않고 버틴다면 영양실조에 걸릴 수 있다.

　나는 살면서 항상 다른 사람과의 관계가 어려웠다. 인정을 받는 나만이 의미가 있었다. 타인의 인정만 원하다 보니 인정받지 못한 나는 아무것도 아닌 존재로 느껴졌다. 타인의 인정을 받기 위한 목표와 삶만이 대단한 인생 같았다. 나를 대접하지 않고 눈에 보이지 않는 존재처럼 살았다. 어린 아이는 어른의 칭찬을 받는다. 하지만 어른인 나는 내가 칭찬해야 한다. 다른 사람을 우선으로 한 시간만큼 나를 챙기는 일은 어색하다. 처음부터 잘할 수는 없다. 내가 잘할 수 있는 일, 티가 나는 일로 나를 어필해보자. 성공경험을 쌓아서 스스로 인정할 수 있는 나로 거듭나자. 이 작은 성공들이 나를 둥둥 띄울 수 있다는 것을 믿어보라. 내가 하고 있으니 당신도 충분히 할 수 있을 것이다.

나하고 맞는 사람들과 잘 지내기

　나는 휴대폰에 연락처가 천 명 이상 있다는 어느 연예인이 부러웠다. 나는 인간관계가 어렵기 때문에 사교성 있는 사람이 부럽다. 그래서 내 좁은 인간관계를 넓히려고 언제나 노력했었다. 그리고 그 모든 사람과 잘 지내려고 생각했다. 내가 아는 모든 사람과 잘 지내길 바라는 마음이 컸다. 그런데 문제는 넓어진 인간관계만큼 불편한 마음도 커진다는 것이다.

　첫 만남부터 좋은 느낌의 사람이 있는 반면 처음엔 별로지만 괜찮다고 느끼는 사람도 있다. 아니면 처음부터 이상하게 싫은 사람도 있다. 여러 느낌이 있지만 내가 만나는 사람 모두의 장점을 찾기 위해 노력한다. 좋은 점을 찾아 좋은 관계로 만들고 싶다는 마음 때문이다. 좋은 점을 발견하지 못하면 내가 편협한 사람처럼 느껴진다. 이 모든 관계에서

사양합니다, 착한 사람이라는 말

다 잘 지내려고 하다 보니 인간관계가 힘들다.

만나는 사람들 모두 성격도 기질도 다르다. 나와 비슷한 성격을 가진 사람도 있고, 전혀 다른 성격의 사람도 있다. 사람마다 모두 다르니 다른 노력이 필요하다. 인간관계를 유지하기 위한 노력도 다르다. 함께 노력하는 사이가 있는 반면 한쪽만 노력하는 관계도 있다. 대부분 한 사람만 노력하는 관계는 오래가지 못했다. 내가 잘해주려고 노력한 사람은 오히려 멀어지고, 편하게 대한 사람과의 관계가 오래가는 경우도 있다. 사람마다 상황마다 달라지는 관계가 나에겐 어렵게 느껴진다.

내가 모든 사람과 잘 지내려고 애쓴다고 해서 그 노력만큼 내가 행복해지는 것은 아니다. 다른 사람과의 만남 전부가 반가운 것도 아니다. 이것도 누굴 만나는지에 따라 다르다. 함께 만나면 순식간에 시간이 지난 것처럼 느껴지는 사람이 있다. 이런 사람과의 만남은 언제나 아쉽다. 언제 또 만날 수 있는지 다음 만남이 기다려진다.

반면에 만나면 한 시간이 3시간 같은 사람도 있다. '저 사람도 좋은 사람이야'란 마음으로 참게 된다. 상대와 헤어진 후엔 기운이 빠지고 지친다. 즐겁고 행복한 기분 대신에 피곤하단 마음이 든다. 상대에게 휘둘리다가 하루가 끝난 기분이 든다. 보통 이런 사람들은 자기 이야기만 늘어놓고 내 이야기는 들은 척 만 척이다. 이야기의 주도권을 안 뺏기려고 한다. 대화 중간에 자신의 이야기를 끼워 넣는다. 그래서인지 일방적으로 듣기만 하고 온 기분이 든다. 이런 사람과 헤어지면 다음 약속을 잡는 일이 미리 걱정된다. 어떻게 피할 수 있을까 변명부터 찾게 된다.

그리고 어떤 사람은 만나기 전부터 준비해야 하는 사람이 있다. 체면을 차려야 하는 사이다. 입는 옷, 머리스타일까지 하나하나 신경을 쓰며 준비한다. 만나는 시간 내내 매너 있게 행동해야 한다. 예의 있게 말하려고 긴장을 늦출 수가 없다. 이런 사람을 만나고 오면 누군가를 만났다는 생각보다 일을 하고 온 것 같다는 생각마저 든다.

나는 왜 이리 잘 보이려고 애를 쓰는지 잘 모르겠다. 주변 모두와 연애를 하는 기분이다. 좋아하는 사람에게 잘 보이려고 내 좋은 점만 보여주는 것이다. 나는 사람들과 잘 지내려고 내가 생각하기에 괜찮은 면만을 보여줬다. 나를 좋은 사람이라고 여기길 바라서다.

그래서 내겐 다른 사람을 만난다는 건 긴장의 연속이다. 만나기 전부터 긴장된다. 내가 신경 쓰지 못한 사이에 내 부족한 점이 튀어나올 것 같아 불안하다. 내 단점이 드러날까 일부러 밝은 척 한 적도 있다. 웃기지 않아도 웃고 떠들다 보면 때때로 우울해진다. 집에 와서 '나는 왜 이렇게 피곤하게 사는지 모르겠다'며 후회하는 일도 있었다.

어느 때인가부터 나는 노력해야 유지되는 관계는 지속되기 어렵다는 생각이 든다. 실제로 내가 애쓴 관계는 상대방에 의해 모두 정리되었다. 내가 정리하지 못한 관계를 상대가 정리한 것이다. 이렇게 정리된 관계엔 끝마무리가 좋지 못한 이별도 많다. 상대에 대한 마지막 배려가 없이 관계가 종료된 것이다. 그래서인지 끝난 관계에 상처와 후회가 많다. 더 잘해줄 걸 자책하며 지낸 시간도 많다. 그래도 한 해, 두 해 시간이 지나니 이 마음도 조금은 정리가 되었다.

많은 사람들이 운동을 한다. 처음부터 빨리 멋진 몸을 만들겠다는 다짐으로 운동을 시작한다면 어떻게 될까? 아마 처음부터 고강도 운동계획을 세울 것이다. 그런데 고강도 운동을 계속하면 지치기 마련이다. 무리한 운동으로 근육통에 시달린다. 내 몸을 고려하지 않은 무리한 운동은 단기간만 가능하다. 잘못된 운동은 오히려 몸에 좋지 않다. 작심삼일은커녕 하루만 하고 포기하게 될 것이다. 오히려 내가 가능한 만큼의 운동을 즐겁게 하는 것이 한결같은 운동의 비결이 아닐까. 이런 즐거운 마음이 더 꾸준히 운동을 지속할 수 있는 힘이 될 것이다. 그러다 보면 내 몸에도 근육이 생기고, 운동 강도를 높일 수 있다.

운동으로 근육을 키우는 것처럼 인간관계도 관계의 근육이 있는 것 같다. 내 마음의 근육이 내 마음을 보호하듯이 관계근육도 필요하다. 처음부터 모든 것을 잘할 수 없다. 싫은 사람과 친해지려고 애쓰지 말고 적당한 관계를 유지하는 것도 필요하다.

다른 사람에게 잘 보이려 애쓰던 내가 이런 생각을 하는 걸 보면 신기하다. 성장한 기분이 들고 대견하단 생각이 든다. 나이가 든다는 게 꼭 나쁜 것만은 아닌 생각이 든다. 내가 지내온 시간만큼 내 관계에도 관계근육이 생겼다는 뜻이 아닐까 싶다.

이젠 모두에게 잘 보여야겠다는 마음도 많이 내려놓았다. 휴대폰 속 연락처도 정리가 되었다. 어떤 사람은 자주 만날 사이, 어떤 사람은 어쩌다 만나고 싶은 사이가 된다. 나이가 들며 예전과 달라진 점이 있다면 이런 좁은 관계를 내가 선택했다는 점이다. 내가 불편한 사람들은 적당히 피하고 내가 편한 사람만 찾게 된다.

그동안 내가 힘들었던 이유는 나를 잘 몰라서였던 것 같다. 나와 잘 맞는 사람을 만나지 못한 것이 아니라 어떤 사람이 나와 잘 맞는 사람인지 모르고 살았다. 내가 어떤 사람인지 모르니 나랑 맞는 사람을 찾지 못해 계속 불편한 관계를 유지한 것이다. 왜 불편한지도 모르고 애만 쓰니 다른 사람과의 관계가 어렵고 힘들었던 게 아닐까.

인간관계는 어떻게 넓힐지 애쓰는 게 아니라 나와 맞는 사람과 잘 좁히는 것이 중요한 것 같다. 이렇게 나와 맞는 사람을 찾았다면 이들과 잘 지내는 것도 중요하다. 관계를 맺는 것보다 유지하는 게 더 어렵기 때문이다.

예전에 본 공익광고가 생각난다. 밥 한 번 사준 선배에겐 "형 고마워"하면서, 매일 밥해주신 엄마에겐 "물이나 줘"라고 말하는 광고였다. 나는 가까운 사람에게 어떻게 행동하고 있는지 생각하게 해주는 영상이었다. 남에게는 잘해주는 사람도 가족에겐 '이 정도는 이해하겠지'라는 생각에 쉽게 상처를 줄 수 있다. 남보다는 가족에게 받은 상처가 오래가는 이유도 이런 이유에서다. 가깝다고 생각할수록 소홀히 하기 쉬운 법이다. 가까울수록 사소한 것에 상처받고, 기뻐하는 것이다.

영국의 수필가이자 시인이자 정치가인 조지프 애디슨(Joseph Addison)은 이런 말을 했다.

"진정한 행복은 잘 드러나지 않으며, 화려함과 소란스러움을 적대시한다. 진정한 행복은 처음에는 자신의 삶을 즐기는 데서, 다음에는 몇몇 선택된 친구와의 우정과 대화에서 온다."

몇몇 선택된 친구와의 우정에서 행복이 나온다는 말을 듣고 내 주변을 둘러보면 이전과는 다른 걸 깨닫는다. 이젠 무조건 내가 잘하려고 애쓰는 관계는 없다. 나를 잃어가며 오래갈 수 있는 관계는 없다. 내가 나를 소중히 여겨야 상대도 나를 그만큼 배려한다는 걸 알게 되었다. 예전처럼 무리한 부탁을 받았을 때 거절하기 어려웠던 사람들도 남아

사양합니다, 착한 사람이라는 말

있지 않다. 어느 한쪽으로 치우친 관계 대신 균형을 맞추려고 서로 노력하는 사람만 남았다. 서로를 배려하고 지지해주는 사이만 남아 있는 것이다.

지금 내 주변에 남아 있는 사람들은 감사할 줄 아는 사람들이다. 상대의 감정을 그대로 받아줄 수 있고 내 감정도 인정해주는 이들이다. 상대를 곤란하게 하지 않는 관계다. 서로 거절이 편한 사이다. 그러니 거절해도 마음이 불편하지 않을 편안한 사람들만 남았다.

나하고 맞는 사람들이 있다는 것은 큰 축복이다. 나를 싫어하는 사람을 위해 애쓰는 노력보다 나하고 맞는 사람들에게 집중하는 것이 필요하다. 나는 힘든 관계보다 좋은 관계에 초점을 맞추며 살 수 있다. 이것은 앞으로 내 삶을 어떤 사람으로 채우게 될지 선택하는 문제다. 나를 깎아내야 어울리는 사람을 택할 것인가, 아니면 있는 나 자신을 인정해주고 좋아해주는 사람과 지낼 것인가. 나와 맞는 사람들과 잘 지낼 수 있다면 인생도 더 편안해질 수 있지 않을까? 탈무드에는 이런 명언이 나온다.

"친구에는 세 부류가 있다. 음식과 같아서 매일 필요한 친구, 약과 같아서 가끔 필요한 친구, 질병과 같아서 항상 피해야 하는 친구."

다른 사람과의 관계에도 연습이 필요하다

어렸을 때부터 나와 동생은 반대였다. 동생은 친구들과 있으면 자기가 사주는 것보다 얻어먹는 일이 많았다. 친구도 많고 처음 보는 사람과도 잘 어울렸다. 나는 그런 동생이 신기했다. 나는 내가 사주는 사람이었고, 새 친구를 만나는 것도 어려웠다. 내 주변엔 친구가 많지 않았다. 그래서 인기 많은 동생이 부러웠다.

나는 모르는 사람과 밥을 먹는 것이 불편하다. 초면인 사람과 밥을 먹을 바엔 차라리 굶는 게 낫다 여겼다. 내가 아는 사람이 없는 곳은 가지 않는다. 처음 가는 장소도 피했다. 잠자리도 화장실도 가려서 여행가는 것이 어려웠다. 그래서 중학교 무렵 가족들이 완도로 여행을 갈 때도 나는 1박 2일 동안 집에 혼자 남아 있었다. 그게 오히려 편했다. 그래서 그런 나를 보고 사람들은 유난스러운 아이라고 말하곤 했다.

나도 예민한 내 모습이 힘들었지만 고치긴 어려웠다. 내가 알지 못하는 사람이 있다는 사실만으로도 긴장이 된다. 모르는 사람의 반응에 내 신경이 곤두선다. 다른 사람의 말과 행동 하나하나가 의식된다. 그래서 말과 행동이 경직된다. 그리고 모르는 장소에서 모르는 사람과 함께 할 때면 얼어서 아무것도 하지 못하고, 친해지기까지도 시간이 걸린다. 왜 나만 이럴까 답답했다.

성인이 된 후에도 나는 여전히 나아진 게 없었다. 새로운 사람을 만나기가 두려웠다. 나에 대한 평가가 걱정되어 다른 사람의 눈치를 보고 있었다. 그러다 보니 좋은 사람도 있었지만 나를 이용하려고 다가오는 사람도 있었다. 변함없이 나는 먼저 주는 사람이었다. 얻어먹으려고 나를 부르는 친구도 있었다.

내가 들어주기 어려운 부탁을 하는 사람도 있었다. 돈 문제다. 마음은 부담되고 거절하고 싶다고 생각하지만 거절 후의 상황이 두렵다. 그 사람과의 관계가 틀어질 것 같아서. 그 사람의 상황을 내가 도와줘야 할 것만 같다. '얼마나 힘들면 나한테 이야기하겠어?'라는 생각이 든다. 그래서 내 여건이 어려워도 돈을 마련하려고 노력했다.

돈을 빌려갈 때는 "고맙다", "얼른 갚겠다"고 말하지만, 하루이틀 늦어지다가 결국 연락도 되지 않는다. 나는 연락하려고 마음먹었다가 그만둔다. '괜히 부담주는 거 아냐?'라는 생각에 조심스럽다. 어느 날부터 내 연락을 피하던 지인은 결국 약속된 시간이 한참 지나고 나서야 갚으면서 미안하다고 이야기했다. 한동안 연락이 없다가 반갑게 전화하는 날은 돈을 빌려달라는 말이나 필요한 게 있어 전화하는 경우다. 알고 보니 그 지인이 번번이 빌려간 돈은 놀러갈 때 부족한 돈이었거나, 연체

된 카드값을 갚을 때 필요한 돈이었다. 내 예상처럼 빌릴 곳이 없는 게 아니었다. 우연히 그 사람의 생각을 듣게 되었다. 대출이자는 비싸서 아깝다는 생각에 내게 빌려달라고 말해본 것이었다. "밑져야 본전이지"라는 말을 전해들으니 그 지인에게 내가 어떤 사람으로 보였는지 깨달았다. 나는 그냥 독촉하지 않아도 편하게 돈을 빌릴 수 있는 사람이었다. 이자 없이 돈을 빌려주는 ATM이었던 셈이다.

내가 생각했던 관계의 깊이가 상대와는 달랐다는 생각에 허탈했다. 나는 관계에서 주체성이 없었다. 그래서 언제든 부탁하면 들어줄 사람으로 보인 것이다. 그 후 또 돈을 빌려달란 말을 거절한 후에는 연락이 더 뜸해졌다. 그리고 연락이 단절된 사이가 되었다. 이렇게 끝난 관계지만 나는 미련을 버리지 못하고, 내가 잘못한 게 있는지 찾아보고 자책하게 된다. 내가 돈을 빌려줬어야 했나? 빌려줬으면 우리 관계가 더 나을까? 하는 바보 같은 후회까지 한다. 나 혼자서만 오래갈 사이라고 기대한 것 같다. 우리 관계에 대한 상대와 나의 무게가 다른 만큼 실망도 컸다.

어른이라 불리는 나이가 되었지만, 내겐 타인과의 사이가 여전히 수학숙제 같다. 어렵고 힘들게 느껴진다. 어릴 때나 나이가 들어서나 여전히 인간관계가 끊어지는 건 힘들다. 어쩌면 어른이 된다는 것은 다른 사람과의 관계를 잘 정리해야 한다는 뜻 같다. 나 자신도 제대로 모르는데 다른 사람을 알고 이해한다는 것은 얼마나 어려운 것일까? 혼자가 외롭다는 생각에 맺은 관계는 오래가지 않았다. 상대에게 마음을 퍼주다가 어느 순간 마음 줄 곳 없는 상태가 된다.

우리는 때때로 잊고 사는 것이 많다. 주기만 하는 관계도 받기만 하는 관계도 건강한 관계가 아니란 사실을 자주 잊는다. 한 사람만 노력하는 관계는 곧 지친다는 사실도 잊는다. 마음만 앞선다. 마음을 주면서 상대에게 기대한다. 내가 생각한 만큼 상대가 반응해주지 않는다면 실망한다. 기대가 크면 실망도 크다. 기대나 부담이 계속되는 관계는 위태롭다. 이렇게 쌓인 관계는 나중에는 결국 정리된다. 나란 중심이 없는 사람은 끊어진 관계에 대해 후회하다가 자책하기 쉽다.

때때로 어려운 인간관계는 할머니가 말해주는 요리의 비법 같다는 생각을 한다. 할머니에게 "양념을 얼마나 넣어야 해?"라고 물어보면 "적당히 넣어"라고 말해주신다. 할머니가 말하는 대로 요리를 완성하면 같은 재료지만 그 맛은 완전 다르다. 나와 할머니의 적당히는 다르기 때문이다. 서로의 적당히가 다르다 보니 내 음식은 짤 때도 있고, 싱거운 적도 있다. 뭔가 빠진 것 같은데 뭐가 빠졌는지 모르는 애매한 맛일 때가 많다. 나는 할머니네 찬장을 열어보고 같은 상표의 물건을 산 적도 있다. 비슷하게 만들기 위해 양념 상표를 몇 개 맞춰봤지만 할머니와 같은 맛을 낼 수 없었다. 결국 나는 할머니의 손맛이라고 생각했다.

사람 사이도 결국엔 요리 같다는 생각을 해본다. 우리는 인간관계에 대한 고민을 말하면 이렇게 해라, 저렇게 해라 하는 조언을 듣는다. 그리고 편안한 인간관계에 관한 참고도서도 많다. 조언을 듣고 행동을 하든, 책을 읽고 행동하든 시행착오는 생긴다. 평생을 요리한 할머니와 나의 차이랑 비슷하다. 한두 번 요리로 끝날지 계속 연습을 할지는 내 몫이다.

할머니와 내가 달랐다고 내가 틀린 사람이 되진 않는다. 사람 사이에 틀린 것이 있을까? 나는 항상 맞고, 너는 항상 틀린 사람이라고 말할 수

4. 타인과 친밀해지면서 사람으로부터 편안해지는 연습

없다. 옳고 그름을 따지거나 정답과 오답을 가려낼 수 없다. 상황에 따라 달라지기도 한다. 예전에 맞다 생각했던 것이 시간이 지나면 아니란 것을 깨닫게 되기도 한다.

남과 다른 것은 틀린 것이 아니다. 사람은 서로 생각하는 게 다르다. 인연이 끝나는 것도 나 하나만의 문제가 아니란 생각이 든다. 사람과 사람 사이의 일인데 누구 하나의 노력으로 지속될 순 없을 것이다.

내가 친하다고 생각한 사람은 나를 친한 상대라고 여기지 않을 수 있다. 내가 별로라고 생각한 사람이 날 친밀하게 여길 수도 있다. 나와 상대방의 깊이가 다를 수 있는 것이다. 누군 맞고 누군 틀리다는 생각은 서로의 관계에 도움이 되지 않는다. 나는 그 사실을 자주 잊었다. 좋은 관계는 거리 유지가 필요하다. 적정거리를 유지해야 한다. 적당히 가깝게, 적당히 멀게, 너무 가까워지면 불편하고 너무 멀어지면 소외된다. 가까우면 가까운 관계 속에서 상처를 받고, 멀어지면 먼 관계 속에 상처를 받는다. 반복되다 보면 인간관계를 시작하기 두려운 마음이 생긴다. 그렇다고 인간관계가 겁난다고 외딴섬에 나 홀로 살 순 없다.

"내가 왜 펜싱을 못하는지 방금 깨달았어. 펜싱에서 가장 중요한 게 뭔지 알아? 거리 조절이야. 근데 나는 그걸 못했네."

tvN 드라마 <스물다섯 스물하나>의 여주인공이 했던 이 말이 마음에 유독 남는 건 사람과의 관계가 어렵기 때문일 것이다.

우리는 운전을 배울 때 자동차 간 안전거리가 필요하다고 배운다. 앞차

사양합니다, 착한 사람이라는 말

가 갑자기 정지하는 경우, 내 차와 충돌을 피할 수 있는 필요거리를 두어야 한다. 그런데 안전거리는 알지만 정작 내 차가 정지할 때까지 어느 정도의 거리가 필요한지 모르는 경우도 많다. 초보운전인 나는 더 그렇다. 각자 다른 사람들이 있는 도로에서 사고가 나지 않으려면 운전할 때 전방 주시를 잘해야 한다. 그리고 속도를 줄여야 하는 상황을 빨리 인지하고 속도를 조절하는지가 관건이다. 가끔 그걸 누가 알려준다고 해서 내가 바로 베스트 드라이버가 되지 않는다. 초보운전이 운전의 달인이 되기까지는 연습시간이 필요하다. 운전할 때 겁난다고 연습하지 않으면 평생 장롱면허로 남는다.

상대방과의 거리를 유지하는 것도 속도를 조절하는 것도 나를 찾는 과정이다. 결국 다른 사람과의 거리와 속도는 내가 기준이다. 나라는 중심이 있어야 편안한 관계가 되는 셈이다. 나라는 중심을 찾는다면 다른 사람과의 관계에서 적정한 거리도 찾을 수 있을 것이다. 그걸 찾는 과정도 다른 사람과의 연습시간이 필요하다. 그 연습결과가 좋지 않다고 움츠러들지 말고 나아간다면 우린 더 나은 인생을 살 수 있을 것이다.

어려울 때 힘이 되는 사람이 있다면 충분하다

　나는 이사를 많이 했다. 어렸을 땐 청주에서 속리산으로, 속리산에서 대전으로 이사했다. 어른이 되어서는 서울에서 인천으로 다시 부천으로 이사했다. 결혼 후엔 화성에서 세종으로 이사했다. 이렇게 여러 지역을 다니면 자주 만나는 사람은 적어지기 마련이다. 상황도 그렇지만 성격적으로도 적극적인 사람이 아니었다.

　나는 어렸을 때부터 여러 친구들과 두루 어울리는 사람은 아니었다. 내성적이었다. 같은 반 친구들 중에서도 나랑 맞는 1~2명의 친구하고만 지냈다. 이 성향은 어른이 되어서도 변하지 않았다. 그런 이유 때문인지 세종에 온 지 8년 차지만 아는 사람은 여전히 적다.

　나는 2015년도에 세종으로 이사했다. 당시 세종은 지금 같지 않았다. 이제 막 생겨나는 도시였다. 내가 이사 온 아파트 주변은 모두 공터였다. 주변 공터 사이에 아파트가 덩그러니 있었다. 주변엔 마트도 어린이집도 아이가 다닐 병원도 없었다. 타지에 이사를 온 것도 모자라 어디나갈 곳도 없으니 점점 외로워졌다. 하루 종일 아이하고 대화만 하다가 남편이 퇴근하고 오면 그제야 사람 말을 하는 기분이었다.

'아이 엄마에겐 아이 친구가 곧 엄마 친구'란 말이 있다. 내 아이의 친구가 엄마의 인간관계란 말이다. 하지만 어린이집에 다니지 않는 아이의 엄마는 해당되기 어렵다. 놀이터에 가면 이미 삼삼오오 엄마그룹이 있다. 내성적인 엄마는 선뜻 말을 걸기도 어렵다. 아이와 함께 놀이터에 가도 벤치에 혼자 앉아 있다 오기를 반복했다. '동네친구라도 있으면 좋겠다'는 생각이 들었다. 하지만 방법을 몰랐다. 아이를 키우는 엄마에겐 필수로 알아야 하는 게 있다. 바로 육아카페다. 그래서 나도 '세종맘'이라는 육아카페에 가입했다.

몇 번 친구를 새로 사귀려고 노력했지만, 내 주변에 사는 사람은 없었다. 차 없이 걸어다니는 뚜벅이 엄마에게 다른 동네 엄마를 만나는 건 어려운 일이었다. 그러다 놀이터에서 우리 아이와 동갑인 아이의 엄마를 만났다. 집 앞 놀이터에서 아이가 노는 모습을 보고 그쪽에서 먼저 말을 걸었다. 서로의 나이를 물었고, 그쪽이 언니라는 것을 알았다. 그리고 아이에 대해 물었다. 우리는 아이들의 생년월일을 알고 놀랐다. 두 아이는 생일이 2월 27일, 28일로 단 하루 차이였기 때문이다. 생일이라는 공감대가 있어 금세 친해질 수 있었다. 언니는 분위기를 잘 맞추고, 대화를 편하게 만들 수 있는 사람이었다.

나는 그동안 아는 사람이 많은 사람의 삶을 부러워했다. 어디를 가든 아는 사람이 있고 사람들에게 둘러싸여 있는 '인싸'들의 삶을 꿈꿨다.

여러 사람에게 인기가 많은 사람을 부러워하며 저렇게 살고 싶다고 생각했다. 한편으로는 인간관계가 편협한 나를 탓하며 나는 왜 나아지지 않을까 하는 고민을 매번 했다. 누군가를 만나고 관계를 지속하기 위해 노력했다. 남에게 뭔가 받으면 나도 주려고 애썼다. 주로 내가 먼저 주는 사람이 되려고 했다. 내게 편하게 돈을 빌려간 지인은 캠핑을 다니며 인생을 즐기는데, 제때 돌려받을 수 있을지 전전긍긍하며 마음을 상하는 건 언제나 나였다.

《혼자 잘해주고 상처받지 마라》라는 유은정 정신과 의사의 책 제목 같은 인생을 산 것이다. 나는 돈을 빌려주며 '내가 이만큼 해줬으니 상대도 저만큼은 해주겠지'라는 기대심리를 가진 것이다. 보상을 바란 관계는 오래가지 않았다. 내가 돈을 빌려준 그 지인은 어쩌다 마주치면 "다음에 밥 한 번 먹자", "내가 전화할게"라는 인사치레만 듣는 사이가 되었다.

일방적인 관계로 아는 사람을 잃은 나는 '취미라도 다시 시작하자'란 마음을 먹었다. 몸이라도 바쁘게 지내자란 마음에서였다. 이사 오느라 다니던 재봉틀 공방을 그만뒀지만 근처에 다시 배울 곳조차 없었다. 어느 날 육아카페에 미싱동호회 모집글이 올라왔다. 소수정원을 모집하는 것이라 정원모집은 금방 끝나서 나는 한발 늦었다. 아쉬운 마음에 게시글에 댓글을 달았고, 같은 동네니 친하게 지내자는 연락을 받았다. 그렇게 알게 된 인연은 지금까지 이어지고 있다.

나는 딸이 셋이다. 주변엔 아들만 키우는 사람이나 남매가 대부분이라 조언을 구하기가 어렵다. 아이를 키우며 마음이 힘들 때 나는 딸만 둘인 동네 언니에게 조언을 구한다. 만날 때마다 나만 겪는 일이 아니라는 공감을 받고, 내가 잘 살고 있다는 지지를 받는다. 그래서 그 지인과 만나는 시간은 언제나 기다려지고 즐겁다. 만나면 그 시간이 짧게만 느껴져서 아쉽다. 지인의 사는 모습을 보면 '나도 더 열심히 살아야겠다'는 마음을 먹게 된다. 내가 보는 그는 모든 일에 열정적이다. 아이들에겐 멋진 엄마다. 어린 아이들과 도서관을 자주 다니고, 육아품앗이를 하며 아이에게 최선을 다한다. 체험학습을 통해 다양한 경험도 시켜준다. 그리고 자신도 끊임없이 배운다. 독학으로 홈베이킹을 하고, 쿠키나 타르트, 케이크를 만든다. 재봉틀로 아이 옷을 만들어 입힌다. 지역 플리마켓에서 스카프빕이나 마스크를 판매하기도 하고, 뜨개질을 배워 수세미 판매도 했다.

그 후에도 보육교사 자격증을 따서 근무를 하고 있고, 간호조무사 교육도 받고 있다. 모든 일에 적극적인 모습을 보면 '저런 모습을 닮아야겠다'는 동기부여가 된다. 나도 더 성장해야겠다는 마음으로 살아가게 해준다. 지인은 자기는 대단할 게 없다고 여기지만 내 눈엔 대단하고 멋진 사람이다.

내가 힘들 때 생각나는 친구도 있다. 대학교 때 친구다. 입학식 때 운동장에서 만났는데, 무슨 용기에서였는지 내가 먼저 말을 걸었던 기억이 난다. 그 후 유아교육과 3년 내내 같은 반으로 함께 지냈다. 다음 날 필요한 수업재료를 찾으러 매점 쓰레기통을 찾기도 하고, 조별과제를 위해 밤늦게까지 있었던 일도 허다하다. 내가 다단계에 빠져 있을 때도 "우리 집에 와 있어"라고 먼저 말해준 친구다. 이 친구 덕분에 지금 내가 다른 인생을 살고 있는 것 같다. 친구와 함께 지낸 시간이 전환점이 되어 내 인생이 달라졌다. 친구와 함께 지내며 부모님에게서 독립해 생활하게 되자 많은 것이 바뀌었다. 부모님과 같이 지낼 땐 모든 행동에 예민해질 수밖에 없었다. 착한 딸이 되어야 하는데 그렇지 못한 경우에는 그게 상처가 되었다. 독립을 하고 거리가 멀어짐에 따라 예민함도 줄었다. 자주 보지 못하니 애틋해졌다. 좋은 말과 행동만 보여주니 부모님에게도 더 나은 딸이 될 수 있었던 것 같다. 이렇게 친구는 내 인생의 터닝포인트가 되어주었다.

그래서 힘들 땐 친구가 생각난다. 내 힘들고 찌질했던 순간을 아는 친구의 존재만으로도 감사하다. 휴대폰의 그 친구 연락처를 볼 때마다 미소가 지어진다. 연락을 자주 하진 않지만 어쩌다 연락이 오면 마냥 반갑다. 속상한 일이 생기면 친구의 연락처를 보며 '나는 내가 힘들 때 연락할 수 있는 곳이 있구나'란 생각만으로도 큰 위안이 된다. 그저 존재만으로도 감사한 친구다. 내가 의지하고 있는 만큼 친구에게도 의지가 되는 사람이 되고 싶다. 힘든 일이 있을 때 "힘내"란 말 대신 그저 힘든 일을 들어주는 친구가 되고 싶다. 내가 고민을 해결해줄 순 없겠지만 함께 울고, 웃어주는 사람이 되고 싶다.

폴라 메를랑(Paula Merlan)이 글을 쓰고 소냐 웜머(Sonja Wimmer)가 그림을 그린 《거북할머니를 위한 선물》이라는 동화책이 있다. 거북할머니는 세수를 하러 갔다가 어느새 늙은 자신의 모습을 보고 우울했다. 친구 버디는 그런 거북할머니를 위로해주려고 다양한 방법을 생각해낸다. 그리고 할머니는 매일매일 조금씩 늙어간다는 것을 알게 되지만, 소중한 친구가 있음에 괜찮다는 것을 깨닫는다.

나도 소중한 사람 몇 명이 내 삶을 괜찮은 삶으로, 괜찮은 사람으로 만들어주는 것을 깨달았다. 나는 그동안 많은 사람과 잘 지내고 싶었다. 그러나 그건 어려운 일이었다. 내가 노력해도 지속되지 않았다. 내가 생각한 관계의 깊이와 상대방이 생각한 관계의 깊이가 다르기 때문이었다. 모든 관계는 깊이가 다르다. 얕은 관계도 있고 깊은 관계도 있다. 많은 사람을 알고 지내는 것이 행복하다고 생각했던 것은 내 착각이었다.

　내 인생에 좋은 사람은 항상 있었다. 내가 힘이 들 때 같이 술을 마셔주던 동료도 있고, 부조리한 경우에 함께 욕해주던 사람도 있다. 내 삶을 열심히 살게 동기부여를 해준 사람도 있고, 기쁠 때나 슬플 때 제일 먼저 떠오르는 사람도 있다. 그리고 내가 정말 힘들 때 생각나는 사람도 있다. 이제 나는 안다. 그저 어려울 때 힘이 되는 사람이 있다면 충분하다는 것을.

때론 뻔뻔하게, 자동 겸손응답기 끄기

예전에 카페에서 다른 테이블의 대화를 들은 적이 있다. 일부러 들은 건 아니지만, 워낙 시끌벅적한 테이블이라 기억에 남는다. 5명 정도의 사람이 앉아 있었는데 그중 한 명이 가방을 산 것 같았다. 다른 사람들은 그 가방이 뭐냐며 물었다. "이번에 예뻐서 하나 샀어"라고 말하며 비싸게 주고 산 것이라고 했다. 그러고는 가방을 어디서 샀는지 사는 동안 무슨 일이 있었는지 이야기를 시작했다. 이야기를 듣고 있는 다른 사람들은 "너무 예쁘다", "너랑 잘 어울린다" 등의 칭찬을 했다. 그리고 가방 주인이 잠깐 화장실에 간 사이에 "쟤, 자랑 너무 심한 거 아냐?", "잘난 척 심하지 않냐?" 등 아까와는 다른 이야기를 했다. '저렇게 행동할 거면 앞에서 왜 띄워주지?'란 생각을 했다.

사람들은 다른 사람이 자랑하는 걸 불편하게 생각한다. 자랑할 만한 좋은 일이 있을 때에도 마찬가지다. 한국 사람들은 잘난 척하지 않고, 자신을 드러내지 않는 것을 좋아한다. 그리고 그걸 겸손하다고 말한다. 칭찬을 받아도 당연하게 여기면 안 된다. "감사합니다"라며 칭찬에 대한 감사를 꼭 상대방에게 표현해야 한다고 배운다.

능력이 있는 사람도 자기의 능력을 대놓고 드러내서는 안 된다. 다른 사람들 앞에서 말한다면 겉으로는 대단하다고 치켜올려주지만, 뒤로는 잘난 척한다며 재수 없다는 소리까지 듣는다. 벼는 익을수록 고개를 숙이는 법인데 뭐가 그리 잘났냐는 지적을 받는다. 설령 내가 잘하는 게 많고 잘나가도, 스스로 부족한 점을 찾으라는 말이다. 그게 남을 대하는 좋은 태도라고 알려주며 강조한다. 한국식 겸손의 미덕인 셈이다.

칭찬을 받으면 나는 '내가 잘한 게 있었나?'란 생각이 먼저 든다. 그리고 반사적으로 칭찬해준 상대에게 "아니에요"라고 말하게 된다.

2021년 12월 시아주버니가 결혼을 했다. 우리 부부는 2013년에 결혼했으니 그때 이후 8년 만에 있는 집안의 결혼식이다. 해를 넘기지 않으려고 12월에 날짜를 잡았다. 다른 사람들도 마찬가지겠지만 코로나 확산 소식 이후로 친척들을 만나는 게 조심스럽다. 그래서 1년에 명절 때 두 번 있는 가족의 왕래도 끊겼다. 코로나 바이러스의 확산을 막기 위해서다.

그런 까닭에 결혼식은 큰 경사라 기쁘면서도 걱정이 되었다. 결혼식 당일은 코로나 단계 격상 첫날이었다. 그로 인해 결혼식 인원도 제한되었다. 혹시 모를 위험 때문에 결혼식에 미성년자 아이들은 불참하게 했다. 나도 친정 부모님께 세 아이들을 맡기고 참석했다.

많은 친척들이 모이지는 않았지만 반가운 만남이었다. 만나는 사람마다 서로의 안부를 물었다. 시댁의 모르는 친척을 만날 때마다 남편이 인사를 시켜주었는데, 다들 나를 보며 "잘한다고 그렇게 소문이 자자하던데, 이제 보네"란 말을 했다. 내 이야기를 자주 전해들어 그렇게 칭찬이 자자한 사람이 누구인지 보고 싶었다고 했다.

그리고 다른 손님들과 인사를 할 때도 마찬가지였다. 시아주버니의 직장동료들이 축의금을 건네며 신랑과 축하인사를 나눴다. 내가 인사를 하면 "아, 이분이시구나. 이야기 정말 많이 들었어요"라는 말을 한다. "하도 칭찬을 많이 들어서 누군지 알고 싶었어요"라고도 했다.

대단하다, 잘한다는 이야기에 어찌할 바를 몰랐다. 공치사를 들을 때마다 얼굴이 빨갛게 달아올랐다. 내가 잘한 게 있나, 다른 사람도 이 정도는 하는 것 같은데 하는 생각이 들었다. 나는 만나는 사람마다, 칭찬을 들을 때마다 손을 내저으며 말했다. "아니에요. 잘한 것도 없는데요", "아니에요. 해야 할 일만 한 건데요." 여러 사람을 만나는 동안 내 반응은 두 가지 중 하나였다. 칭찬에 뭐라 대답해야 할지 몰라서 아무 말 못하거나, 고개를 내두르며 부정하기 바빴다. 겸손해야 한다고 배우고 살다 보니 칭찬을 받아도 어떻게 해야 할지 모르겠다.

"제가 하는 라디오 아세요? 들어본 사람 있으세요? 어때요? 진짜 재미있죠?" 텔레비전을 켜두고 집안일을 하다 듣게 된 한 강연가의 말이었다. 자기만의 방법으로 영어를 공부하고 최근에는 에세이를 발간한 개그맨 김영철이었다. 대놓고 자기 자랑을 하는데도 이상하게 밉지 않았다. 저게 바로 자기 PR인가 하고 감탄했다.

요즘은 자기 PR이 중요한 시대라고 말한다. 자기 PR을 적극적으로 해야 인정받는다고 말한다. 그런데 아직 나는 칭찬을 받으면 뭐라고 말해야 하는지 모르겠다. 말을 할 때마다 속으로 말을 고르게 된다. 잘난 척하는 사람으로 보여질까 조심스럽다. 습관처럼 "아니에요"라고 부정하며 말을 시작한다.

무일푼에서 불과 2년 반 만에 백만장자가 되고, 그 비밀을 책으로 낸 사람이 있다. 바로 《백만장자 시크릿》의 저자 하브 에커(T. Harv Eker)다. 나는 주식 공부를 시작하며 이 책을 읽기 시작했다. 그리고 이 책을 쓰는 동안 다시 읽고 있는 중이다. 《백만장자 시크릿》 중간쯤에 "당신은 주고 싶은데 상대방이 받지 않으려 하면 어떤 기분이 드는가?"라는 구절이 있다. 책에 적혀 있던 것처럼 나 또한 속상하고 겸연쩍어 상대에게 다시 권하지 못했다. "당신은 그들이 느끼려 했던 주는 기쁨과 즐거움을 빼앗고 있다. 대신에 마음을 아프게 하고 있다"라는 글을 읽으며 결혼식에서의 내 행동을 되돌아보게 되었다. 칭찬에 아니라고 말할 때마다 상대의 표정이 어땠는지 떠올렸다. 잠깐의 정적과 굳은 표정 그리고 서둘러 남편에게 말을 붙이는 모습이 떠올랐다.

생각해보면 어린이집 교사를 했을 때도 아이들에게 칭찬받았을 때 어떻게 해야 하는지 이야기를 나눈 적이 있다. 지혜리더 수업 때였다. 그날은 서로 칭찬을 나누는 수업이었다. 어떤 친구는 칭찬을 받고 고맙다고 말한다. 또 어떤 아이는 칭찬에 아무 말도 못하고 부끄러워한다. 그러면 쑥스러워하는 아이에게 이렇게 말해줬다.

"칭찬을 받았을 때 쑥스러워 아무 말 못하면 칭찬해주는 친구 마음이 조금 덜 기뻐요. 그런데 '고마워'라고 말하면 많이 기쁘대."

이 말을 듣고 아이는 잠시 생각하다 칭찬을 해준 친구에게 고맙다고 말했다. 칭찬을 해준 아이도, 칭찬을 받은 아이도 웃으며 끝난 수업이었다. 이렇게 아이들에게 알려준 것처럼 행동해야 했는데, 나는 그렇게 말한 적이 없는 것 같다. 오히려 엄마가 된 나는, 교사일 때와는 달리 말하는 사람이 되어 있었다. 어릴 때는 칭찬도 잘하고 아이의 칭찬에도 행복하다고 말했다. 그런데 아이가 더 크면서 달라졌다. 자신이 만든 것, 발표한 이야기에 엄마인 나는 시큰둥하게 반응했다.

아이가 잘난 척하며 자랑할 땐 아이에게 도리어 뭐라고 했다. "자꾸 자랑하면 친구들이 싫어해"라며 아이의 기를 죽였다. 서운해하는 아이의 표정을 보면서도 나는 아이에게 겸손해야 한단 말을 해주고 있었다. 나는 아이를 나처럼 만들고 있었단 생각이 든다. 인정받고 싶지만 정작 칭찬을 받았을 땐 기쁘게 받지 못하는 사람 말이다.

아이가 그림을 가져오며 말한다.

"엄마. 그림 이상하지?"

괜찮다고 말하는데도 아이는 믿지 않는다. 계속 "눈 부분이 이상한 것 같다", "그림을 망친 것 같다", "제대로 못 그려서 마음에 안 든다"고 말했다. 칭찬을 해도 아이는 이상한 점을 찾아 말했다. 아이는 먼저 이상하다고 한 다음 엄마가 아니라고 대답해주길 바라는 것 같다. 아이의 모습이 바로 평소의 나의 모습이었다.

나는 나만의 자동응답기를 끄기로 결심했다. 바로 겸손응답기다. 누군가 칭찬을 하고 잘하고 있을 때 부정의 말 대신 고맙다고 말하는 뻔뻔함을 갖추기로 결심했다. 그리고 아이가 자랑할 때를 기다렸다. 아이가 자랑을 시작하면 대단하다고 치켜올려줬다. 달라진 엄마의 반응에 아이는 어깨부터 올라가 "내가 원래 좀 잘해!"라고 신이 난 모습이었다.

사양합니다, 착한 사람이라는 말

다른 사람이 예쁘다고 말해주면 예전에 나는 "아니야. 오늘 초췌한 데"라고 말했다. 이젠 "오늘 예쁘게 보여? 고마워"라고 말한다. 친한 사람들에게 먼저 말하기 시작했다. 내가 아니라고 대답할 때보다 마음이 편해졌다. 나를 어떻게 생각할까 고민하던 마음도 사라졌다. 나도 상대방을 기분 좋게 칭찬할 수 있게 된 것이다.

남편이 자주 하는 말에도 달리 대답해야겠다는 생각이 든다. 결혼 후 살이 찐 남편은 다이어트를 하라는 말에 이렇게 말한다.

"나 살 빠지면 큰일 나. 너무 잘 생겨서 네가 불안할걸?"

그 말을 들으면 나는 "빼고 나서 말해"라고 핀잔을 주기 바빴다. 이젠 남편의 자신감 넘치는 말이 대단해보인다. 내가 어쩌다 하는 칭찬에도 "응, 내가 좀 잘해"라고 말하던 긍정적인 남편을 더 칭찬해줘야겠다는 생각이 든다.

우린 많은 자동응답기를 켜두고 산다. "아니에요", "괜찮아요", "이 정도면 충분해요" 등등. 그동안 해왔던 이런 말들은 우리를 행복하게 만들지 않았다. 내 인생을 나아지게 하지 않았다. 나와 상대의 마음을 불편하게 만들었다. 상대가 하는 칭찬도 내가 받아들이지 않으면 내 것이 아니다. 우리는 타인의 칭찬과 인정을 원한다. 그런데 정작 다른 사람에게 인정받으면 내 것이 아닌 것 같다고 말한다. 이제는 자동 겸손응답기를 끌 시간이다. 다른 사람이 "정말 대단해"라고 말하면 때론 뻔뻔하게 말해보자. "고마워요. 나도 그렇게 생각해요."

《백만장자 시크릿》에 나온 다음 말은 내게 위로가 되어주었다. 나도 당신에게 말해주고 싶다.

"당신은 충분히 받을 만큼 가치 있는 사람이다."

201

5장

호구의 불행한 삶에서 벗어나
삶의 주인으로 살아라

삶을 바꿔줄 단 한 사람을 찾는다면 거울을 보라

"거울아, 거울아 세상에서 가장 예쁜 사람이 누구지?"라는 주문을 기억하는가? 나는 월트 디즈니의 만화를 보며 자랐다. <백설공주>는 정규 방송에서 가장 많이 나오는 만화였다. 거울을 사랑하는 왕비와 예쁘고 착한 백설공주 이야기다. 왕비는 거울을 보며 가장 예쁜 사람이 자신이길 바랐다. 예쁘다 말해주던 거울과 달리 현실 속 나는 거울을 보고 눈을 흘긴다. "왜 여기에 뽀루지가 났지? 이 주름은 뭐야? 눈이 충혈되었네?"라고 못난 부분만 말해준다. 그다음부터는 거울을 볼 때마다 내가 말한 부분부터 보였다. 그리고 작은 티도 큰 결점으로 확대되어 보였다. 나는 거울을 보면 이렇게 단점만 보이는데 매일 거울을 보던 왕비는 얼마나 아름다웠던 걸까.

아이가 어렸을 때였다. 전날 맞은 예방접종으로 아이는 밤새 열이 오르고 칭얼거렸다. 열이 나는 몸을 미지근한 물수건으로 닦아줬다. 안아 달라는 아이를 안고 달래주다 열이 나면 다시 닦는다. 춥다고 그만하라는 아이의 몸을 닦아주며 눈물이 난다. 내가 대신 아팠으면 좋겠다. 우는 아이를 보며 "엄마가 미안해. 많이 아프지. 미안해"라고 중얼거린다. 열이 너무 오르면 싫다는 아이를 붙잡고 해열제를 먹였다.

그렇게 밤새 아이 옆에서 뜬 눈으로 밤을 새웠다. 어느새 아침이 밝았다. 지친 아이가 잠든 사이에 나는 화장실로 가 아이 체온으로 뜨뜻해진 물수건을 빨고 세숫대야를 정리했다. 정신을 차리기 위해 찬물을 틀어 세수를 했다.

세수를 한 뒤 무심코 거울을 보았다. 거울 너머에는 다크서클이 내려온 피곤한 여자가 서 있었다. 부스스한 머리카락과 화장기 없이 부은 눈, 거칠어진 피부는 전날의 고단함까지 담은 것 같았다. 너무 초라한 모습이었다. 내가 아닌 것 같았다. 더는 보고 싶지 않아 서둘러 거울 앞을 떠났다. 열이 내린 아이의 평온한 모습을 보며 아이 옆에 누웠다. 곧 밖에서 부스럭거리는 소리가 들렸다. 남편이 출근 준비를 하는 소리다. 나는 깜깜한 방에 누워 천장을 보았다. 몸은 너무 피곤하지만 이상하게 잠이 오지 않았다.

화장실에서 본 내 모습이 떠올랐다. 손을 들어 양볼을 감쌌다. 부어오른 얼굴을 확인했다. 머리카락도 귀 뒤로 넘겨봤다. 손끝에 바스스한 짧은 머리카락이 걸렸다. 머리 말리는 시간을 줄이기 위해 머리도 짧게 잘랐다. 긴 머리를 좋아했지만 머리를 빨리 감고 말리기 위해 아이를 낳고 머리카락을 자른 것이다.

내 생활의 모든 것은 아이 중심이 되었다. 아이가 먹을 수 있는 순한 음식을 먹고, 아토피가 있는 아이의 피부에 닿아도 괜찮은 옷을 입었다. 아이가 어렸을 땐 화장실에 가는 것도 자유롭지 않았다. 화장실 문을 두드리며 우는 아이를 보며 화장실 문을 열고 아이를 바라보고 있어야 했다. 아이가 다치지 않게 항상 짧은 손톱과 짧은 귀걸이로 액세서리를 줄였다. 휴대폰의 앨범도 아이 사진으로만 꽉 찼다.

　내가 잘 살고 있나 의문이 들어 주변 사람들에게 물었다. 그러나 엄마가 되면 다 그렇게 사는 것이란 대답만 들을 수 있었다. 그게 당연하다는 것이다. 이렇게 아이만 생각하는 것이 당연한 것일까 고민했다. 그런데 어느새 나도 같은 질문을 하는 사람에게 "이렇게 사는 거야"라고 말해주고 있는 것을 깨달았다. 문득 '나도 나이가 들었나? 어떻게 이게 당연해진 걸까? 나는 언제 이렇게 나이가 든 걸까?' 하는 생각이 든다.

　그 후로도 거울 속 나를 5초 이상 보고 있기가 힘들었다. 자꾸 호졸근한 모습이 먼저 눈에 띄기 때문이었다. 나는 아무것도 예상하지 못했다. 소꿉놀이 같은 신혼생활이 떠오른다. 매일이 소꿉장난 같았다. 그때의 나는 생각하지 못했다. 임신 후에 입덧으로 화장실에서 살다시피 할지 몰랐고, 아이를 낳고 빠지는 머리카락으로 두피가 훤히 보일지 몰랐고, 임신할 때마다 20킬로그램씩 불어난 몸무게로 허리를 숙여 발톱도 깎지 못한다는 사실도 알지 못했다. 아이를 키우기 이렇게 힘들다는 것도 몰랐다. 임신했을 때가 가장 편하단 말을 들으면 그저 겁을 주는 거라고 생각했다. 아이의 예방접종 후에 뜬 눈으로 밤을 새우고, 아이가 아플 때마다 내가 미안하다 말하리라고는 짐작조차 못했다. '애 낳고 키우면 다 그렇지'라고 스스로에게 말하며 지내온 시간 동안 나는 계속 초라해지고 있었다. 궁상맞고 지친 표정의 여자가 될 거라고 어떻게 미리 생각할 수 있을까?

결혼 후에는 모든 것이 행복하고 완벽할 거라고 생각했다. 동화 속 공주님 같은 결말처럼 될 거라고 믿었다. 그러나 내가 맞이한 현실은 나는 쏙 빠진 인생 같았다. 다른 가족의 인생을 뒷바라지하는 사람이 되어 있었다. 집안일을 하고 만나는 사람 없이 집에서 오도카니 남편이 오길 기다렸다. 내 감정 대신 아이의 마음을 읽어주고, 아이의 말을 따라하는 엄마가 있었다. 밥 해주는 식모 같고 아이를 키워주는 유모 같았다. 시댁과 가족 사이에 있는 부속품 같았다. 어쩌다 보는 거울 속 모습엔 주름이 늘어난 내 모습밖에 보이지 않았다. 한 해가 지날수록 늘어가는 새치를 보며 늙어가고 있음을 깨달았다. 나 혼자만 세월을 맞은 기분이다.

밖으로 나가면 내 모습을 더 깨닫게 된다. 호칭이 달라진다. 이제는 학생, 아가씨가 아니다. 나는 아니라 생각했던 말이 나를 가리키는 단어가 되었다. 지나가는 사람이 나를 부를 때면 '아주머니'와 '아줌마'가 되어 있었다.

"그리고 영원히 행복하게 살았습니다"로 끝나는 삶은 없었다. 계속 살아야 할 인생이 있었다. 내가 결혼한 남편도 동화 속 왕자님이 아니었다. 완벽하지도 않았고, 물건을 고치듯 고칠 수도 없다. 내 미래를 바꿔줄 왕자님은 없었다. 어머님은 남편을 변화시키라고 말했다. 결혼 전 어머님이 30년 동안 시도했어도 못 고친 걸 내가 고칠 순 없었다. 결국 내가 바꿀 수 있는 건 나 자신밖에 없었다.

나는 내 삶을 바꾸기 위해 노력해야겠다고 결심했다. 그리고 그 방법으로 필사를 시작했다. 자신의 삶을 사는 것처럼 보이는 사람을 따라하기 위해서였다. 나는 매일 아침 6시에 나오는 '동기부여 모닝콜' 필사를 했다.

그리고 다양한 사람들의 이야기를 들었다. 매일 성공자들의 이야기를 들었다. 나도 성공한 사람처럼 변하고 싶었다.

나는 멜 로빈스(Mel Robbins)라는 사람도 알게 되었다.《5초의 법칙》의 저자이자 동기부여가다. 그녀는 사람들에게 거울을 보는지 물었다. 그리고 거울을 보기 싫었던 과거를 말했다. 나는 그 이야기에 공감했다. 나도 마찬가지였으니까. 거울 속 내 모습을 보며 하루 일과를 생각하거나 내 얼굴의 단점을 찾기 바빴다. 내 결점이 한가득 드러나면 "얼굴이 왜 이래?"라며 부정적인 말이 쏟아졌다. 있는 그대로의 나는 완벽하지 않았다.

멜 로빈스는 말한다. 거울 속에 보이는 나는 지지와 격려가 필요한 사람이라고. 나는 변하려고 노력 중이었지만 큰 변화는 없는 상태였다. 여전히 나는 하고 싶은 말을 못하는 사람이었고, 다른 사람을 위해 노력하는 사람이었다. 내가 못한 말을 되새기며 후회하는 사람이었다. 아직도 나를 사랑하는 법을 모르는 상태였다. 그런 내가 사실은 격려받지 못해서 변하지 못한 걸까? 아직도 나는 다른 사람이 나를 사랑해주기만을 기다렸단 진실을 깨달았다.

나는 영상에서 들은 말대로 내가 나를 먼저 사랑해주기로 다짐했다. 아침에 일어나면 화장실로 들어가 거울 속 나에게 먼저 인사했다. 안녕이라고 말하는 거울 속 나는 어색하게 웃고 있는 모습이었다. 그리고 웃으며 생긴 주름을 보는 대신 손을 뻗었다. 거울 속 나와 하이파이브를 하며 눈을 보고 말했다. "너는 잘할 수 있어. 오늘도 행복한 하루가 될 거야. 너는 네가 원하는 대로 살 수 있어." 말을 할수록 거울 속 나는 환하게 웃었다. 그동안의 나를 바꿀 차례였다. 매일 거울을 보며 나는 나를 응원했다. 하루가 지날 때마다 내 표정이 달라졌다. 내 마음도 생각도 달라졌다. "하기 싫다"란 말 대신 "한번 해보자"란 말도 하게 되었다.

다른 사람은 내 삶을 바꿔줄 수 없었다. 다른 사람이 바꿔주길 원하던 인생은 그들의 것이 아니기 때문이다. 내가 다른 사람을 바꿀 수 없듯 다른 사람도 나를 바꿀 수 없다. 타인은 나에게 영향을 줄 수 있다. 하지만 내 평생을 책임져주지 않는다. 나를 바꿀 수 있는 건 부모님도 남편도 아니었다. 나는 오랜 시간이 지나서야 이 사실을 이해할 수 있었다. 나부터 변해보자고 결심한 순간 알아챌 수 있었다. 나를 바꿔주고 내 삶을 변화시켜줄 수 있는 사람이 정말 있다는 것을. 끼고 있던 안경처럼 발견하지 못했을 뿐이다. 내 삶을 바꿔줄 수 있는 것은 단 한 명뿐이다. 당신의 삶을 바꿔줄 사람도 한 명뿐이다. 그 사람은 당신 가까이에 있다. 그 사람이 보고 싶다면 지금 바로 거울을 보라. 바로 당신 자신이다.

미국 44대 대통령이자 최초의 흑인 대통령인 버락 오바마(Barack Obama)가 말했다.

"다른 사람이 가져오는 변화나 더 좋은 시기를 기다리기만 한다면 결국 변화는 오지 않을 것이다. 우리 자신이 바로 우리가 기다리던 사람들이다. 우리 자신이 바로 우리가 찾는 변화다."

지금 이 순간, 오늘 하루 살기

내가 아이들에게 자주 하던 말이 있다. 있다가, 나중에, 다음에. 미루기 3종 세트다. 우리 아이들은 종이인형 만들기를 좋아한다. 종이인형으로 유명한 이웃 블로그의 업데이트 소식이 있으면 환호한다. 아이들에게 새 종이인형놀이는 신상인 셈이다. 새 글이 추가되면 아이들은 내게 말한다.

"언제 만들어줄 거야? 언제 뽑아줄 거야?"

"있다가 해줄게."

"언제? 지금 당장 해줘."

그러고도 내가 안 해주면, "언제야? 이제 다 됐어?", "얼마나 기다려?" 하며 끊임없이 확인한다. 묻고 또 묻는다. 나는 조금 더 기다리라고 말한다. 그러면 질문은 도돌이표처럼 돌아온다. 아이들에게 지금 해

211

주겠다고 해야 질문은 끝이 난다. 아이들에게 중요한 건 지금 당장이다. 이 순간이 중요하다. 지금 당장 행복하길 원한다. 우리는 지금 어떻게 살고 있을까?

나는 어른이 되고 나서 이해할 수 없는 말을 들었다, "다음에 밥 한 번 같이 먹자"란 말이다. 처음에 이 말을 들었을 때 "언제? 어디에서 볼까?" 꼬치꼬치 물었던 기억이 있다. 이젠 그 말이 인사치레라는 것을 알지만, 그땐 정말 밥을 먹자는 말이라 생각했다.

내 말에 당황하는 상대를 보며 서운한 적도 있었다. 그런 나도 이제는 "다음에 밥이나 먹자"란 말을 들으면 '밥 먹을 일이 없겠구나' 생각한다. "안녕" 정도의 인사로 받아들인다. 어떨 땐 나도 무심결에 이 말이 나올 때가 있다. 나는 다음에 보자라는 말이 싫다. 내가 실망한 적이 있기 때문이다. 대신 나는 지금 안 되는 이유를 솔직히 말하고 미안하다고 사과한다.

나는 인사치레가 늘어나는 어른이 되고 싶지 않다. 그런데 나도 다음으로 미루는 일이 점점 많아졌다. "나중에 여행가자", "돈 생기면 이거 사자", "여유가 생기면 이거 해야지" 등 못하는 이유가 가지가지다. 바쁘니까, 여유가 없으니까, 돈이 없으니까, 상황이 안 좋으니까, 나중에라도 하면 되니까 등등, 그 핑계는 늘어났다. 핑곗거리가 어딘가에서 솟아오르는 것 같다. 또한 다른 사람이 아닌 나와 내 가족에게 하는 인사치레가 쌓여간다. 나와 가족들의 실망이 자라나고 있는 것이다. '다음에 하면 되겠지'란 자기변명을 하고 나면 마음 한구석이 무겁다. 해야 할 숙제를 미룬 기분이다.

내일은 눈에 보이지 않는다. 그리고 내일이 올지 확신할 수 없다. 하지만 우리는 내일이 있다고 믿는 것처럼 살고 있다. 뉴스를 보면 매일같이 사건, 사고가 터진다. 하지만 그게 내 일은 아닌 것처럼 산다. 내일은 당연히 있는 것처럼 느껴진다.

예전에 이런 일이 있었다. 대학에 다닐 때 시험 날 아침 과대표 언니가 와서 시험공부를 못 했다고 걱정했다. 이유를 물었더니 "뉴스에서 교통사고 소식이 나와서 그런가 보다 했는데, 알고 봤더니 내가 아는 사람이더라. 거기 다녀오느라 못 했네"라고 말했다. 그 사람이 얼마나 좋은 사람이었는지, 어떤 일을 앞두고 있었는지에 대해서도 이야기했다. '남의 일로만 느꼈던 일이 나와 가까운 사람일 수도 있겠다'라는 생각이 들었다.

그리고 이런 일은 나에게도 벌어졌다. 첫아이가 어린이집에 다닌 첫해의 일이었다. 2016년 크리스마스를 앞두고 어린이집에서는 산타행사가 한창이었다. 그리고 그날 나는 남편에게 전화를 받았다.

"부모님이 교통사고가 났는데 가봐야 할 것 같아. 나도 가고 있어."

무겁게 들리는 남편의 목소리가 낯설었다. "내가 갈까?"라고 남편에게 물었고, 남편은 병원이름을 알려주고 서둘러 통화를 종료했다. 나는 어린이집에 연락해서 첫째 아이를 서둘러 하원시켰다. 아이의 짐을 집에 던지듯 내려놓고 챙겨둔 가방을 챙겨 집을 나섰다. 어린 둘째를 아기 띠에 메고, 첫째의 손을 잡고 버스에 올랐다. 조치원까지 가는 동안 아이는 주변을 살펴보느라 바쁘고 내 머릿속도 큰일이 아니었으면 하는 마음으로 복잡했다. 조치원에서 환승을 하고, 또 청주터미널에서 버스로 환승했다. 그리고 병원에 도착했다.

병원 입구는 어수선했다. 발을 동동 구르고 있는 사람들 중에 남편을 발견했다. 남편에게 무슨 일이냐고 물었다. "나도 잘 모르겠지만 좌회전 중에 버스와 부딪혔다고 들었다"고 남편은 말했다. 어머님이 더 많이 다치셨다고 했다. 우리는 초조하게 어머님이 병원에 도착하기만을 기다렸다. 소식을 들은 친척들이 하나둘 병원으로 도착했고, 오시는 분들에게 상황을 잘 모르겠다는 설명을 하고 나면 다시 기다림의 시간이었다.

곧 어머님이 도착하셨는데 온몸이 퉁퉁 붓고 상처가 있는 몸으로 이동침대에 누워 계셨다. 상황이 급박한지 서둘러 옮겨졌다. 그리고 기다림의 시간이 시작되었다. 정신이 없는 와중 첫째는 짜증을 내기 시작했다. 응급실 앞쪽에서 누워 떼를 썼다. 평소에는 아직 어린아이니 피곤해서 그럴 수도 있지 생각했을 텐데, 그날은 심각한 상황에서 떼를 쓰는 아이에게 화가 났다. 나도 모르게 감정이 실려 아이를 일으켜 세웠다. "병원 바닥에 누우면 어떻게 해. 지저분하잖아"라고 아이를 다그쳤다. 아이는 놀라 눈이 동그래져서 울기 시작했다. 팔이 너무 아프고 움직일 수 없다며 큰 소리로 울었다. 팔이 빠진 것이 아닐까 걱정되어 응급실 대기를 걸었다.

그때는 메르스로 전국이 소란할 때라 바로 응급실로 들어갈 수 없었다. 보호자도 인원수가 정해져 있었다. 나는 남편에게 어머님 소식을 알려달라고 이야기하곤 아이 엑스레이를 찍을 때까지 기다렸다. 대기시간이 길어지는 동안 내 행동을 돌아봤다. 그리고 아이에게 미안해졌다. 아이와 이야기를 나눴다. 오늘 어린이집에서는 어땠는지, 오면서 힘든 일은 없었는지 아이의 이야기를 물었다.

한참을 이야기하던 아이는 울음을 멈추고 이제 괜찮아졌다고 말했다. 사람들이 많아 놀란 마음, 피곤함, 낯설음을 느꼈는데, 엄마가 자기한테 관심을 안 가져주는 것 같아 더 울었던 모양이다. 아이를 꼭 안아주고 "할머니가 많이 아프셔서 엄마가 걱정이 컸어. 그래서 널 돌보지 못했네. 미안해"라고 말했다. 아이는 "이제 나 팔 안 아파"라며 팔을 움직여

보였다. 혹시나 하는 마음에 찍어본 엑스레이 결과도 정상이었다.

아이는 다행히 건강했지만 어머님은 오늘을 버티기 힘들지 모른다는 말을 들었다. 가족들은 저마다 기도하며 어머님의 내일이 있기를 바랐다. 집중치료실로 올라간 어머님은 3일을 넘기기 어려울 것 같다는 말을 들었다. 우리는 다시 더 많은 날을 함께할 수 있게 되길 기도했다. 그리고 중환자실로 옮겨진 어머님은 3개월을 넘기길 어려울 것 같다고 했다. 다시 더 많은 날이 있길 바랐다.

어머님이 다시 건강해지시기를 바라며 지내는 동안 많은 일이 있었다. 아이는 다니던 어린이집을 그만두고 할머니 집에서 지내야 했다. "왜 어린이집에 안 가?"라고 묻는 아이에게 설명하고 부족하나마 하루를 행복하게 만들어주려고 애썼다. 입원 기간 동안 나도 슬픈 일이 있었다. 할아버지가 돌아가셨지만 마음껏 슬퍼할 수 없었다. 다른 가족들에게 내 슬픔을 더하고 싶지 않았기 때문이었다. 기적처럼 건강을 찾으신 어머님은 큰 후유증 없이 우리 곁에 계신다. 사고가 난 지 벌써 6년이란 시간이 흘렀다.

"매일 행복하진 않지만, 행복한 일은 매일 있어"라는 곰돌이 푸의 말이 떠오른다. 하루하루 생사를 넘기는 가족의 소식을 들으며 마음 졸이는 날 중에도 행복은 매일 있었다. 아이와 함께 아파트 도서관에 다니며 책을 읽었고, 매일 다른 놀이터에 가서 아이의 즐거운 순간을 사진으로 찍었으며, 가족과 맛있는 음식을 함께 먹었다. 매일을 걱정 속에 살았지만 내가 할 수 있는 일에 집중하려고 노력했다. 지금 이 순간의 행복을 느끼며 살기 위해 힘썼다. 그렇게 순간이 지나면 하루가 지나간다.

아픈 가족이 있는 보호자들에겐 하루를 행복하게 사는 것이 꼭 필요하다. 지치면 안 되니까, 먼저 힘이 들면 안 되니까, 그리고 기다림이 길지도 모르니까. 오지 않는 내일을 준비하기에 하루는 길었다. 지금에 초점을 맞추고 살다 보니 어머님의 퇴원 소식도 들을 수 있었다. 나도 내 일상으로 돌아왔다.

미국의 연설가 로버트 G 잉거솔(Robert G. Ingersoll)은 이렇게 말했다.

"행복을 즐겨야 할 시간은 지금이다. 행복을 즐겨야 할 장소는 여기다."

요즘 나는 내일로 미루며 살기도 하고, 지금 이 상황에 최선을 다하며 살기도 한다. 예전만큼 절박하지 않기 때문이란 생각이 들 때도 있다. 현재에 집중한다는 건 그만큼 어려운 일이다.

우리는 많은 날을 내일로 미루다가, 아니면 내일을 걱정하다가 현재라는 시간의 소중함을 잊는다. 하지만 지나간 오늘이 다시 오지 않는다는 건 우리 모두 알고 있다. 과거에만 갇혀 그때 일을 후회하며 살기에도, 미래만 꿈꾸며 현실의 나를 희생시키는 것도 옳지 않다는 걸 알고 있다. 아직 오지 않은 미래를 대비하느라 지금 내가 불행하다면 그게 의미가 있을까? 되돌릴 수 없는 과거만 후회하며 현재를 슬프게 하는 게 좋을까? 그게 아닌 걸 우린 알고 있다. 지금, 이 순간이 모여 오늘 하루가 된다. 지금 행복한 게 모여 내 인생이 된다. 오늘의 행복을 내일에서 찾지 말자. 나도 지금 이 순간 여기에서 행복한 하루를 보내기 위해서 노력할 것이다.

사양합니다, 착한 사람이라는 말

5초의 법칙 적용하기

    나는 책을 좋아한다. 살아오며 수많은 자기계발 책을 읽었다. 책 읽기는 내게 일상이었다. 하지만 책을 읽어도 내 삶은 크게 달라지지 않았다. 책을 읽고 생각만 하다가 단념하는 경우도 있었고, 실천하다가 '난 안 되나 보다' 포기하는 일도 있었다. 갈수록 못하는 이유가 늘어나서 미루는 일도 허다했다. 그래서 독서를 하지만 제대로 이룬 것은 없다.

    나는 아침에 일어나는 것이 힘들다. 어렸을 때부터 그랬다. 잠도 많았고 잠귀도 어두웠다. 대학교 땐 일어나기 위해 집에 있는 모든 알람시계를 머리맡에 두었다. 그리고 아침이 되면 5개의 시계가 차례대로 울리기 시작하고, 마지막 시계까지 모두 울려도 내 귀에만 들리지 않았다. 결국 다른 방에서 자고 있던 동생이 시끄럽다고 알람시계를 멈추러 온다.

동생이 깨워줬지만 나는 제시간에 일어나지 못했다. 늦은 준비로 버스 시간을 놓쳤다. 다음 버스를 탔지만 시계를 보니 강의 시작에 늦을 것 같았다. 늦게 탄 버스가 빨리 가길 바랐지만 정류장마다 하차한다. 마음을 졸이다 중간에 내려 택시를 기다렸지만 오늘따라 오지도 않는다. 기다리다 콜택시를 불러 탔지만 결국 지각을 했고, 늦게 들어간 강의실에서 교수님과 눈이 마주쳤다. 이미 내 이름은 불린 후였다. 출결점수가 깎인 것이다. 자기 전 오늘 지각한 일을 반성하고, '내일은 일찍 일어나야지'라고 마음먹고 잠이 든다. 이 다짐은 생각으로만 끝난다. 다음 날도 비슷한 하루가 시작되었기 때문이었다. 다짐과는 다른 하루의 시작은 일상이 되었다.

어른이 되어서도 마찬가지였다. 혼자 살기 시작하면서도 수많은 알람은 필수였다. 어른이 되어 바뀐 것은 내 스스로 알람을 끄고 다시 잠이 든다는 것이었다. 그렇게 알람 3개를 끄고 자면 지각은 당연지사다. 직장까지는 버스 세 번을 갈아타야 해서 출근에 걸리는 시간만 1시간 반이었다. 늦게 일어난 아침은 출근시간에 늦을까 마음이 불안했다. 마음은 졸이고, 생활비의 대부분은 택시비로 사용하는 악순환이었다. 조금만 일찍 일어나면 되는데 왜 이렇게 어려운지 알 수가 없었다. 왜 미루다가 후회하게 되는지 스스로에게 실망스러웠다.

결혼을 하고, 아이를 낳고서도 마찬가지였다. 아이는 어린이집에 늦는 일이 많았다. 일찍 일어난 날도 준비가 늦어 등원시간이 늦어지기는 매한가지였다. 그리고 걱정하던 초등학교 입학일이 왔다. 학교에 들어가면 등교시간과 하교시간이 정해져 있다. 나는 아이 등교시간에 맞출 수 있을지 걱정되었다. 집에서 초등학교까지는 10분이 채 되지 않는 거리지만, 나는 아이가 지각할까 걱정되어 등교 한 시간 전에 일어났다. 매일 밤 늦잠을 자지 않기 위해 긴장하며 잠이 들었다. 그 덕에 일찍 일어났지만, 세 아이와 맞이하는 아침은 만만치 않았다. 더 자겠다고 이불 속에 숨은 아이들을 깨우는 것도, 양치를 안 하겠다 우기는 아이를 설득하는 것도 어려웠다. 준비가 늦어져 등교 전 아이 손을 잡고 뛰는 일도 종종 있었다. 마음이 급해 아이를 재촉하고, 안 하려는 아이에게 화를 내는 일도 잦아졌다. 아이의 미루는 습관이 나 때문인가 고민되었다. 내가 아이들한테 영향을 줘서 늦는 일이 많아지나 우려되었다.

이사한 집에서 초등학교는 육교를 건너 5분 거리다. 학교가 더 가까워졌다. 그래도 아침에 일어나는 일은 여전히 힘들다. 5분만 더 자야지 생각하고 알람을 끄고 자다가 출근하기 전에 남편이 깨워준 적도 있다. 아이들보다 엄마인 내가 늦게 일어난 적도 있다. 등교하는 아이와 등원하는 아이를 챙기다 보면 시간은 금방 지나간다. 지각하지 않기 위해 바쁘게 재촉하는 아침이 된다. 왜 이렇게 시간에 쫓기며 살게 되는지 알수가 없었다. 서두르며 아이에게 짜증을 내는 날도 많았다. 내가 늦게 일어났지만, 아이가 늦게 준비해서 늦었다고 탓하는 경우도 있었다. 내탓과 아이 탓을 하는 날들이 많아졌다. 아이도 빨리 하라는 말과 짜증내는 말이 늘었다. 내 잘못이었다.

내 삶이 달라지길 바라며 필사를 하는 동안 알게 된 동기부여가 멜 로빈스의 인터뷰 영상을 보고 내 자신을 사랑하는 방법을 배웠다. 거울을 보고 스스로 하이파이브를 하는 법이었다. 나는 나를 긍정적으로 바라보는 방식을 배웠다. 그리고 멜 로빈스에게 관심이 더 생겼다. 유튜브에서 그녀와 관련된 영상을 찾았다. 그리고 그녀의 영상 속에서 내 삶에 적용할 법칙을 찾게 되었다. 그것은 바로 '5초의 법칙'이었다.

나는 미루고 주저하는 습관이 있다. 아침에 일어나는 일은 대표적이다. 멜 로빈스는 "우리는 힘든 일, 불편한 일, 두려운 일을 만나면 주저하게 된다"고 말했다. 생각해보면 나는 어떤 일이 생길 때마다 일의 결과를 먼저 따져봤다. 이건 내가 의식하지 않아도 자동으로 일어난다. 할까 말까 망설이는 것이다. 사실 이런 상황에선 그동안 읽었던 책이나 들었던 말은 소용이 없다. 머리는 온통 '할 수 있나? 없나? 해야 할까? 말아야 할까?'로 가득 찬다. 그리고 하지 말까 고민하는 순간부터 못할 이유가 계속 생겨나기 시작한다. 못하는 이유가 늘어나면 결국 실천해야겠다는 다짐은 사라진다.

한두 번 그만두면 포기는 더 쉽다. 포기하고 나면 '여태껏 잘한 게 어디야. 그만해도 돼'라며 나를 위로하게 되는 것이다. 그런 포기가 많아지니 '내가 이렇지 뭐. 한두 번 있는 일도 아닌데 뭐'라며 나를 체념하는 일도 많아진다. 나는 무얼 시작해도 오래 하지 못하는 사람이라고 스스로 생각하기 시작했다. 그 생각은 또 다른 포기의 원인이 되었다.

나는 '5초의 법칙'에 대해 알게 되고 이것을 이용해 아침에 일어났다. 5초의 법칙을 처음 한 것은 514챌린지를 시작할 때였다. 514챌린지란 새벽 5시에 일어나서 14일간 하고 싶은 것을 지속하는 챌린지를 말한다. 이 챌린지를 시작하면서 나를 깨우는 시간을 4시 반으로 다짐했다. 5시 일어나는 것도 쉽지 않았는데 4시 반은 더 힘들었다. 새벽이 되어 휴대폰 알람이 울리면 알람을 종료했다. 그리고 이불 속에서 누워 있는 동안 나는 생각했다. '더 잘까? 내일부터 일찍 일어나면 되지'라는 생각이 들었다. 오늘따라 이불 안은 더 따뜻하고 잠도 부족하단 기분도 든다. 눈꺼풀이 무거워지고 잠이 왔다.

그때 문득 나는 5초의 법칙이 생각났다. 나는 5초의 법칙대로 로켓을 발사하는 것처럼 거꾸로 수를 세었다. '5, 4, 3, 2, 1 자, 일어나!' 처음에 수를 세었을 땐 '이게 뭐라고, 그냥 더 자'란 생각이 들었다. 하지만 다시 생각했다. '나는 5초 뒤에 일어날 거야. 그리고 챌린지에 참여할 거야.' 그리고 다시 수를 거꾸로 세었다. '나는 로켓이야. 5, 4, 3, 2, 1 발사해!' 그리고 벌떡 일어나 화장실로 갔다. 거울 속 비친 내 얼굴은 어리둥절해보였다. '정말 되는구나. 나 진짜 했네? 와 잘했다'라는 생각을 하고 거울을 봤다. 그리고 거울 속 나를 보며 "잘했어. 대단하다"라고 말했다. 하이파이브도 잊지 않았다. 정말 신기한 경험이었다. 당연히 안 될 것이라고 생각했는데 해낸 나를 발견했다. 정말 하면 된다는 걸 알게 되었다.

5초의 법칙은 시작을 준비하지 말고, 준비가 되기 전에 시작하라는 가르침이다. 이건 내 기분에 상관없이 밀어붙이는 힘이 되었다. 생각하지 말고 일단 하라는 뜻이다. 생각만 하는 내게 이 법칙은 행동하는 힘이 되었다. '머리로 포기하기 전에 몸으로 해봐야겠다' 마음먹게 했다.

새벽 4시 반에 일어나는 일을 14번 했고, 14일 인증을 통해 514챌린지 굿즈를 받았다. 안 될 거라고 생각했던 새벽 기상을 성공시킨 것이다. 그 시간 동안 나는 필사도 하고, 영어공부도 했다. 예민한 아이들은 번갈아 깨며 엄마를 찾았다. 그러다 며칠이 지나자 아이는 날 보며 "엄마 공부해?"라고 물었다. 그러고는 방해하지 않으려고 내 옆에 앉아 조용히 책을 읽었다. 나를 따라 아이의 기상시간도 빨라졌다. 새벽에 일어나 놀이를 시작하는 경우도 있었다. 아침에 충분히 놀고 난 아이는 준비 시간도 빨라졌다.

우리는 여태껏 하고 싶지 않기 때문에 포기하는 습관의 고리 속에서 살았다. 5초의 법칙은 변화의 비법이 바로 앞에 있다고 말한다. 모든 결정에는 우리 삶의 모든 것을 바꿀 수 있는 5초의 용기가 존재한다고 설명한다. 나는 5초의 법칙을 통해 아침에 일어났다. 그리고 일어나고 있는 중이다. 아이에게도 기다리라고 하지 않고 바로 해주려고 이 법칙을 이용한다. 지금 바로 웃어주고, 지금 아이가 원하는 걸 해주고, 지금 바로 움직인다. 아이는 요구한 대로 이루어지는 걸 보며 기뻐했다. "기다려", "조금 있다가", "나중에"를 외치던, "엄마는 맨날 나중에 하래"라는 소리를 듣던 미루기대장 엄마가 자기 말을 수용해주는 걸 느끼자 아이들은 행복해졌다.

한 번에 5초의 법칙을 적용하긴 어렵다. 나도 잘 안 될 때 두세 번 더 시도한다. 그래도 기어이 해내고 만다. 5초의 법칙 한 번으로 삶이 달라지진 않는다. 하지만 내가 해낸 경험이 나를 더 나은 사람으로 만들어준다. 그리고 다시 한 번 도전해야겠다는 마음을 심어준다. 이제 우리는 달라질 수 있다. 나라는 로켓을 발사하면 되는 것이다. 우리 함께 시작해보자. 함께 변화해보자.

"5, 4, 3, 2, 1 발사!"

걱정도 습관이다. 나에게도 쿨해지기

모든 아이들이 놀이터를 좋아하듯 우리 아이들도 놀이터를 좋아한다. 놀이터에 가지 않는 날이 드물 정도다. 걱정 많은 엄마는 아이들을 따라 놀이터에 함께 나간다. 불안함 때문이다. 혹시 놀다가 다치지 않을지, 장난치다 넘어지진 않을지 걱정되기 때문이다. 막상 놀이터에서 놀고 있는 아이를 보면 즐겁게 잘 논다. 넘어져도 울지 않고 툭툭 털고 일어난다.

아이가 어릴 땐 행동반경이 좁으니 덜했는데, 아이가 학교에 가자 걱정이 커졌다. 등하교하는 아이들 대부분이 혼자 잘 다닌다. 씩씩하게 다니는 다른 아이들을 보면 아이와 함께 다니는 내가 유난스럽게 느껴진다. 내 불안함이 전염된 건지 아이도 항상 나와 함께 다니길 원한다. 하굣길에 엄마가 없으면 울기도 한다.

가끔은 '내가 아이를 믿지 않아 아이가 혼자하길 싫어하나?'란 물음에 빠진다. 아이가 잘할 수 있다는 걸 못 믿고 있나 싶다. 혹여나 내가 아이를 믿지 않아 확인하는 것으로 아이가 느낄까 걱정스러웠다. 그러다 어느 날은 아이가 혼자 할 수 있게 기회를 줘야겠다는 생각이 들었다. 마침 아홉 살이 된 딸이 창문 밖 놀이터를 보며 놀고 싶다고 말했다. 작년에 새로 이사 온 집은 놀이터가 거실 창문에서 보이는 집이었다. 아이는 "엄마 나 놀이터 가도 돼?"라고 물었다. 친구가 밖에서 놀고 있다는 것이다. 나는 아이의 눈을 보며 "엄마가 같이 안 가는데 괜찮아?"라고 물었다. 아이는 잠깐 생각하더니 "응. 한번 갔다와볼게"라고 대답했다. 나갈 준비를 마친 아이는 현관 앞에서 "엄마 나 놀이터 다녀올게" 하고는 손을 흔들며 현관문 밖으로 나갔다.

잘 다녀오라고 손을 흔들어줬지만 불안감이 올라왔다. 문이 닫히는 소리와 함께 '놀이터까지 혼자 잘 내려갈까?'란 생각이 머리를 스쳤다. 아이가 1층 놀이터에 보일 때까지 창문에 붙어 아래를 내려다보고 있었다. 아이가 잘 가고 있는지, 잘 놀고 있는지 확인하기 위해서였다. 눈에 잘 띄게 아이에게 빨간색 점퍼를 입혔고, 빨간색 옷이 보일 때까지 기다렸다. 기다리는 동안 생각이 꼬리에 꼬리를 물었다. '혹시 엘리베이터에서 혼자 울고 있지는 않을까?', '자전거나 오토바이 조심해야 하는데', '친구랑 놀면서 속상한 일 생기면 우는 건 아닐까?'와 같은 혹시나 하는 생각이 자꾸 떠올랐다.

놀이터에서 아이는 또래친구와 잘 놀고 있었지만 나는 아이 걱정에 뭘 해도 집중하지 못했다. 아이가 잘 놀고 있는지 계속 확인하게 되었다. 아이가 집에 돌아와 "엄마 다녀왔습니다. 진짜 재미있었어"라고 말했고, 표정이 밝았다. "내가 혼자서 놀고 왔어. 잘했지?" 하며 아이는 신이나 자랑을 한다. 어디에서 어떤 놀이를 했는지 이야기하기 바쁘다. 아이가 집에 돌아오기까지 했던 많은 걱정들은 아이의 미소 한 번에 사라졌다.

나를 누르던 걱정의 무게는 생각보다 가벼웠다. 행복한 이야기, 아이의 미소, 즐거운 마음 한 번에 가벼워진다. "걱정을 해서 걱정이 없어진다면 걱정이 없겠네. 해결될 문제라면 걱정할 필요가 없고, 해결이 안 될 문제라면 걱정해도 소용없다"란 티베트 속담이 있다. 걱정해서 해결되는 일은 없다. 나도 안다. 머릿속으로는 알고 있지만 실천하기란 쉽지 않다. 작은 생각에서 큰 걱정으로 불어난다. 내가 애써 괜찮다고 지나간 일도 또 다른 걱정을 만나면 큰 문제처럼 느껴진다. 이렇게 작은 걱정이 커진 일도 있었다.

일곱 살 둘째는 어느 날부터 눈을 깜박이기 시작했다. 서운하거나 마음이 급할 때 눈 깜박거림 횟수가 늘었다. 저 나이의 아이들은 잠깐 나타났다 사라지는 행동이라 알고 있기 때문에 나는 대수롭지 않게 여겼다. 그랬던 것이 걱정이 된 이유는 다른 사람의 이야기 때문이었다. 어느 날 집에 오신 어머님은 아이를 보더니 "갑자기 얘가 왜 이렇게 눈을 깜박거리니?"라고 물으셨다. 나는 아이들이 겪을 수 있는 일 중 하나라고 말씀드렸다. 어머님은 아이를 보며 "계속 저러면 어쩌니, 커서도 저러는 거 아니니?"라고 하셨다. 최악의 상황을 상상하고 걱정하시기 시작하셨다. 그 이야기를 듣자 나도 신경이 쓰였다. 아이가 눈을 얼마나 자주 깜박이는지 쳐다보게 되었다. 어머님은 집에 오실 때마다 둘째를 보며 "눈 깜박이지 마라"라고 말씀하셨다. 아이는 점점 할머니의 눈치를 보게 되었다. 어쩔 때는 할머니가 안 왔으면 좋겠다고 울기도 했다. "내가 일부러 그러는 거 아닌데, 자꾸 할머니가 뭐라고 해"라며 자기 전에 울먹이는 아이를 보니 속상했다.

남편도 아이의 행동에 신경 쓰기 시작했다. 눈을 자주 깜박이는 걸 볼 때마다 둘째에게 일부러 하지 말라고 지적했다. 나는 밤마다 우는 아이가 걱정되었다. 다른 사람의 말이 아이에겐 상처가 될 것 같았다. 그래서 다른 원인이 있지 않을까 살펴봤다. 아이의 눈을 찬찬히 살피다 아래쪽에 난 뾰루지를 발견했다. 안과에서 알레르기 증상 때문이라는 진단을 받았다. 눈 깜박임은 알레르기 반응에 의한 일시적인 증상 같다는 말을 듣게 됐다. 알레르기 때문에 불편해서 생긴 증상이라 말했더니 남편은 "그래도 일부러 하는 습관을 고쳐줘야 한다"고 말했다.

눈을 깜박일 때마다 지적받던 아이는 나중에 헛기침하는 행동까지 추가되었다. 그리고 헛기침을 할 때마다 다른 사람의 눈치를 봤다. 기침을 한 뒤엔 "내가 일부러 한 게 아니야"라고 변명했다. 아이는 헛기침을 할 때마다 물도 마시기 시작했다. 기침을 하지 않기 위해서였다. 아무 말 하지 않아도 먼저 어른들의 눈치를 봤다. 눈치 보고 있는 아이의 모습이 너무 가여웠다. 아이는 잠자리에서 "내가 또 기침하면 어쩌지?"라고 걱정했다. 쉬이 잠이 들지 못하고 뒤척이는 날이 여러 날이었다.

사실 틱은 어린이에게 흔한 일이다. 그래서 심하지 않다면 크게 걱정할 필요가 없다. 하물며 우리 아이는 행동이 지속된 기간이 길지 않았다. 그런데 어른들이 나서서 걱정하는 바람에 아이만 더 힘들게 했다. 아이의 행동은 관심을 받음으로써 강화됐다는 판단이 들었다. 나는 더 이상 걱정하지 않기로 다짐했다. 그리고 나를 불안하게 만드는 걱정을 다른 사람에게 받지도 않기로 했다.

다음 날 남편에게 아이가 눈을 깜박이든 헛기침을 하든 모른 척하라고 단호하게 말했다. 집에 오신 어머님께도 아이의 행동을 신경 쓰지 말라 부탁했다. 아이에게 더 이상 지적하지 말라고 모두에게 말했다. 나는 커서 저러면 놀림을 당하지 않을까 걱정이라는 말도 이제 듣지 않기로 했다. 내 걱정도 남편 걱정도 어머님 걱정도 모두 끊기로 한 것이다. 내 걱정이 아이의 걱정으로 이어지지 않도록 해야겠다고 마음먹고 행동했다.

아이의 눈 깜박임과 헛기침은 큰 변화가 없었지만 걱정하지 않았다. 서운한 일을 말할 때 깜박거림이 늘어나는 걸 보고 아이의 눈을 보고 이야기를 끝까지 들어주려고 노력했다. 그리고 기침을 할 때도 "기침이 나오면 해"라고 말해줬다. 아이는 "해도 돼?"라고 물었다. 나는 "기침이 나오면 해야지"라며 웃었다. 아이는 마주보고 웃으며 "응"이라고 대답했다.

그 후 아이의 헛기침은 점차 줄었다. 눈을 깜박거리는 행동은 봄, 가을엔 더 심해지기도 했다. 요즘도 마음이 급하거나 속상한 일을 말할 땐 눈을 깜박이기 시작한다. 하지만 걱정하지 않는다. 내가 아이의 마음을 편하게 해주면 아이를 불편하게 한 행동도 줄어들 거라는 걸 안다. 엄마인 내가 걱정하면 아이는 불안해한다. 불안한 아이는 눈치를 보고 행복하지 않다. 아이가 행복하게 클 수 있도록 나는 작은 일에 걱정하는 습관을 버려야겠다고 마음먹었다.

아이를 훈육할 때 부모는 세 가지 기준에서 훈육 여부를 결정한다. 위험한 행동인지 다른 사람에게 피해를 주는 행동인지, 행동을 그대로 두었을 때 우리 아이에게 영향을 주는 일인지를 알아야 한다. 나는 걱정도 마찬가지라고 생각한다. 내가 하는 걱정이 꼭 필요한 걱정인지 확인하기로 했다. 걱정이 들 때마다 드는 생각을 메모했다. 그리고 이 걱정이 지금 필요한 걱정인지, 그 걱정을 해결하지 않으면 내 삶에 문제가 생기는지, 걱정으로 다른 사람이 영향을 받는지 따져봤다.

아이가 눈을 깜박이는 행동을 했을 때 최악의 걱정은 어른이 되었을 때도 그 행동이 남아 있을지였다. 이 걱정을 따져보면 내 아이는 아직 어른이 되지 않았다. 어른이 되지 않았기 때문에 내 삶에 문제가 생길지, 우리 가족이 그것으로 영향을 받을지 따질 수 없다. 일어나지 않은 먼 미래의 일이기 때문이다. 그러니 이 걱정은 쓸데없는 걱정이다.

우리가 걱정을 하는 이유는 모든 일을 통제해야 한다는 생각 때문이다. 그러나 세상에서 일어나는 모든 것을 내가 해결할 순 없다. 내가 해결할 수 없는 일은 너무나 많다. 이런 걱정을 끌어안고 산다면 삶은 무겁고 지칠 뿐이다.

《걱정하지 마라 90%는 일어나지 않는다》를 쓴 메이허(美禾) 작가의 이 말이 걱정이 많은 나와 당신에게 필요한 문장이라는 생각이 든다.

"걱정이 당신을 떠나지 않는 것이 아니라 당신이 걱정을 내려놓지 못하는 것이다."

이제 우리는 걱정을 내려놓아야 한다. 일부러 무거운 생각을 머리에 이고 살 필요는 없다. 연습을 하면 모든 일은 능숙해진다. 많은 일들이 그렇다. 우리는 그동안 걱정에 너무 능숙해졌다. 많은 시간을 쏟았다. 밥 먹고 나면 하는 양치질처럼 습관적이었다. 시간이 날 때마다 이 습관은 나를 괴롭혔다. 이제 이 습관의 고리를 끊을 때가 왔다. 어떤 일에 걱정이 생긴다면 나에게 말해주자.

"지금 너 또 걱정하고 있어. 신경 쓰지 말고 살아. 걱정하는 나야, 우리 좀 쿨하게 살자!"

당신은 어제보다 더 나은 사람이다

《그리스 로마 신화》에 이런 이야기가 나온다. 어느 날 피그말리온이라는 조각가가 상아로 여인상을 조각했다. 그리고 자신이 만든 조각상이 사람이 되길 간절히 원했다. 그 사랑과 정성에 감탄한 여신이 그 조각상을 진짜 살아 있는 사람으로 만들어주었다. 이렇게 바라는 대로 이루어지는 것이 '피그말리온 효과'다.

나는 더 나은 인생을 살고 싶었다. 예전의 나보다 나은 사람, 더 멋진 사람, 더 사랑받는 사람이 되고 싶었다. 그렇지만 나는 과거의 내가 잘못한 일을 떠오를 때마다 후회와 자책으로 지냈다. 낮엔 밝게, 밤엔 죄책감을 느끼며, 내가 잘 살고 있는지, 내가 다른 잘못을 하며 살고 있진 않은지 자기반성과 자기연민으로 가득한 시간을 보냈다. 이런 시간이 누적되니 내가 나아지고 있는지 알 수 없었다. 다른 사람들은 과거를 털고 나아가는데 나만 제자리걸음인 것 같았다. 나만 잘못 살아온 건 아닌지 걱정됐다. 내가 뭘 할 수 있는지, 앞으로 뭘 해야 할지도 몰랐다. 매년 '어떤 일을 해야 할까?'의 고민은 계속되었다. 그래서 영어공부, 100권 책 읽기 같은 목표를 세웠다. 남과 비슷한 목표라도 가져보려고 다른 사람의 계획을 물어보고 알아봤다.

내 가능성을 믿기엔 나는 이룬 게 없는 것 같았다. 남들보다 뭐하나 잘하는 것도 없다. 비슷하게 살기 위해 노력할 뿐 꿈도 없다. 열심히는 살지만 정말 열심히 살고 있는지 때때로 의문이 들었다. 다른 사람은 자격증도 따고, 운동도 하고, 공무원 공부도 하고, 취미도 즐기면서 육아를 한다는 이야기에 기가 죽었다. 가끔 "너도 사회복지사 공부하는 건 어때?", "요즘 이게 괜찮다더라. 너도 해보는 건 어때?"란 말을 들으면 괜한 자격지심이 생겼다. 내가 아무것도 안 하는 것 같아서 저런 말을 하는 건가 싶었다.

그런 생각을 하고 있자면 또 내가 나쁜 사람이란 생각이 든다. 왜 나는 착한 사람이 아닌지 속이 상한다. 다른 사람의 의도를 왜곡해서 듣고 있는 내 자신에게 화가 난다. 착한 척 배배 꼬인 마음을 숨기고 사는 것 같다. 왜 항상 착하지 않을까, 나쁜 마음과 좋은 마음이 번갈아 들 땐 필터를 바꾸듯 마음을 갈아 끼우고 싶단 생각이 들었다.

나는 정말 괜찮은 사람이 맞는지 주변 사람들에게 자주 묻곤 했다. 스스로 확신이 없었기 때문이다. 주변 사람들에게 "넌 정말 좋은 사람이야"라는 대답을 들으면 안심하지만, 예의상 한 말이 아닐까 하며 또 다른 의심을 한다.

나는 진짜 나아지고 있을까 하는 생각은 '더 열심히 살아야 해'라는 것으로 이어졌다. 더 많이 가족을 챙겼다. 겨울이면 유자차를 담가 나누고 햇양파가 나오는 계절엔 양파장아찌를 담가 나눴다. 더 좋은 딸, 며느리, 아내 역할을 해야지 다짐했다. 쉬지 않게 스스로를 다그치며 움직였다.

어쩔 땐 지치기도 했다. 어느 날은 손 하나 까딱하기 싫은 날도 생겼다. 그런 날은 무기력한 내가 못나 보였다. 변화 의지조차 없는 실패자 같았다. 보잘 것 없이 작아 보였다. 그래서 그다음 날은 나를 몰아쳤다. 5분도 쉬지 않고 하루 종일 바쁘게 움직였다. 집안일을 하고, 책을 읽고, 공부했다. 아이들이 등원한 시간에도 쉬지 않고 돌아다녔다. 재봉틀로 옷을 만들었다. 옷이란 결과물이 생기면 하루를 헛되이 보내지 않았다란 안도감이 들었다.

바삐 살지 말고 쉬라는 말도 들었다. 그런데 바쁘게 움직이지 않으면 쓸모없는 사람인 것처럼 느껴졌다. 그러다 보면 몸이 아픈 날이 많았다. 몸이 아파 누워 있으면 '한 게 없네'라는 생각이 들어 기분이 가라앉았다.

나는 다른 사람들이 나에게 기대하는 대로 살았다. 그러다 보니 좋은 사람이라는 말을 들을 때도 있었다. 나는 더 좋은 사람으로 살기 위해 애를 썼지만 매번 인정을 받는 건 아니었다. 그럴 땐 나는 잘하고 있다는 생각이 들지 않았다. 항상 마음에 칭찬받고 싶은 어린아이가 살고 있는 기분이다. 누군가 잘하라고 말하면 내가 제대로 못해서 그런 이야기를 듣는 것 같았다. 내가 잘해내고 있다는 확신도 함께 사라졌다. 내가 더 나아지고 있는 건가 하는 생각에 스스로에 대한 믿음이 자주 흔들렸다. 그래서 나는 항상 더 나은 사람이 되고 있는지 의문이 들었다.

내가 그럴듯한 사람이 되어야 아이를 잘 키울 것 같다. 그래서 육아서도 자주 읽는다. 더 나은 엄마가 되고 싶다. 내가 읽은 도서 중 고도 토키오(牛窪登紀雄) 작가의 책 《우리 아이 부자체질 만드는 엄마의 사소한 행동》에는 이런 내용이 나온다.

"다른 사람과 비교하지 말고 나와 비교해라. 나는 나, 남은 남이라는 생각을 가지고 판단기준을 타인이 아닌 자신에 두도록 가르쳐야 한다."

이 글을 읽고 나는 내가 왜 더 나은 사람이 되고 싶었는지 떠올려봤다. 다른 사람에게 인정받고 싶었던 것인지, 아니면 내가 성장하고 싶었는지 생각해봤다. 나는 어렸을 때 "너는 잘 살아야 돼"란 이야기를 엄마에게 듣고 자랐다. 내가 맏이라서 그런 것도 있었고, 친가를 향한 엄마의 서운함의 말이기도 하다. 엄마의 남 보란듯 잘 키워 자랑하고 싶은 마음이기도 했다. 그런데 나는 어떻게 사는 것이 잘 사는 건지 몰랐다. 엄마가 말하는 잘 사는 기준은 언제나 다른 사람, 다른 가족이었으니까. 그래서 다른 사람은 어떻게 살고 있나 궁금했다. '나보다 더 나은 사람을 보고 따라해야겠다'고 생각했다. 열심히 사는 사람의 이야기를 들으며 나도 더 열심히 살기 위해 노력했다. 화목한 가족을 보면 더 행복하게 살기 위해 버둥거렸다. 흉내를 내고 힘쓰다 보면 나도 잘 살고 있는 거라고 여겼다.

매번 내가 배워야 할 기준이 될 사람을 찾아다녔다. 하루는 잘하고 있는 것 같다가도 어느 날은 저 사람보다 내가 부족하단 생각이 든다. 때론 지금 내 모습이 가짜로 만들어진 건 아닐까 불안했다. 가라앉지 않기 위해 수면 아래에서 발을 휘젓는 백조처럼 느껴질 때가 있다. 내가 노력하지 않으면 물속으로 처박힐 것 같은 두려움이 든다. 이건 아마도 다른 사람처럼 살기 위해 노력했기 때문이란 생각이 든다.

나를 보고 자라는 아이들도 나처럼 살지도 모른다는 생각이 머리를 스쳤다. 다른 사람만큼, 다른 사람처럼 살기 위해 노력하는 아이들이라니…. 상상만 해도 두려웠다. 아이들을 키우면서 '남과 비교하지 말자'는 마음으로 키우고 있다. 그런데 나는 남과 비교하며 살고 있었다. 아이는 부모의 등을 보고 자란다는 말이 있다. 내가 행동할 때 무심결에 부모님이 했던 말이나 행동이 나오는 걸 보며 깜짝 놀랄 때가 있다. 아이들도 내가 바뀌지 않으면 나를 보고 배우겠단 생각이 들었다. 엄마인 나부터 남을 기준으로 사는 것을 그만해야 했다. '내 자신을 기준으로 살아가자'고 결심했다.

어제의 나, 과거의 나와 비교해서 더 나아진 점을 하나씩 따져봤다. 나는 과거의 나보다 내 감정에 솔직하게 말한다. 남한테 싫은 소리도 할 줄 몰랐는데 이젠 조금이나마 항의도 한다. 과거의 행동을 후회하고 자책하는 것도 줄어들었다. 어제의 나보다 아이들에게 더 다가가고 사랑한다고 표현하는 엄마가 되고 있다. 변하고 있는 날 보고 아이들은 엄마가 최고라고 말해준다.

나는 분명히 예전의 나보다 좋은 사람이 되고 있다. 남에게만 좋은 사람이었던 예전과 달라지는 점이 분명히 있다. 나는 남에게만 좋은 사람이 아니라 점점 나에게도 좋은 사람이 되고 있는 중이다. 아직은 나 자신을 챙기는 것도 내 스스로 용기를 주는 것도 어색하다. 하지만 점점 나아지고 있다. 나는 생각이 많아 걱정도 많았다. 이젠 생각하는 대신 먼저 행동하려고 노력한다. 내가 잃은 것만 떠올리며 후회하는 대신 내가 가지고 있는 것에 감사하며 지내려고 노력 중이다. 나는 나날이 점점 더 좋아지고 있다고 믿는다. 내가 바라는 만큼 더 나은 어른이 될 수 있다고 꿈꾼다. 끌어당김의 법칙이 날 더 성장하는 사람으로 만들어줄 것이라 생각한다. '사과 안에 들어 있는 씨의 개수는 셀 수 있지만, 그 씨 안에 들어 있는 사과의 개수는 셀 수 없다'는 말처럼 내일의 나를 믿어주자. 나는 어제보다 더 나은 사람이다. 내일의 나는 오늘보다 더 성장한 사람이 될 수 있다.

《어린 왕자》로 많은 사랑을 받은 생텍쥐페리는 이렇게 말했다.

"나는 빛을 내는 인간을 사랑한다. 그가 지닌 양초가 얼마나 두꺼운지는 별로 상관하지 않는다. 다만 그에게서 나오는 불빛을 보면서 그의 가치를 생각한다."

지금 내게서 나오는 불빛은 약하다. 언제 꺼질지 몰라 마음 졸이며 보고 있는 작은 불빛이다. 하지만 나는 어제의 불빛보다 더 환한 빛으로 타고 있다. 내일의 나는 지금보다 더 환한 불빛이 될 거라고 믿는다. 내가 바라는 대로 더 나은 사람이 될 수 있다고 생각한다. 내가 믿는 만큼만 나도 자랄 수 있다. 당신도 분명 어제보다 더 나은 사람이다. 당신이 발견하지 못했을 뿐이다. 우리는 매일 더 나은 사람으로 자라나고 있다. 중요한 것은 우리가 원하는 대로 나아지고 있다고 믿기만 하면 된다.

사양합니다, 착한 사람이라는 말

좋은 사람인 때가 많은 것만으로도 충분하다

　인터넷 카페에 올라온 한의원 의사의 진료일기를 봤다. <여러분 모두 자신을 행복하게 해주세요>라는 제목이었다. 화병 클리닉에서 본 환자들을 보며 해줬던 말과 해주고 싶은 말을 적은 게시글이다. 한의사가 화병환자들과 상담을 해보면 모두 착한사람 병에 걸린 사람들만 있다는 내용이었다.

　우리는 딸로 아내로 엄마로 며느리로 살아간다. 그 역할에 최선을 다하며 산다. 그래서 자신을 위한 시간보다 내게 주어진 역할에 집중한다. 내가 아닌 다른 곳에 시간과 관심을 쏟게 된다. 사랑한다는 이유로 그것을 당연하게 여긴다. 내가 그들을 사랑하는 만큼 더 잘해주고 싶은 마음인 것이다. 언제나 나라는 사람보다 다른 사람에게 초점을 맞추며 산다. 그런 까닭에 내 자신을 챙기는 건 뒷전이기 쉽다. 항상 좋은 사람이 되려고 노력하다 보니 참기의 달인, 견디기 선수가 되었다. 인내의 인(忍)을 네이버 한자사전에서 찾아보면 심장 옆에 칼이 있는 그림과 함께 이런 설명이 있다.

'인(忍)' 자는 '참다'나 '잔인하다'라는 뜻을 가진 글자로 칼날 인(刃)과 마음 심(心)이 결합한 모습의 글자다. 칼날 인 또한 칼 도(刀) 자의 날 부분에 점을 찍은 것으로 '(칼이)날카롭다'는 뜻을 갖고 있다. 이렇게 날카로운 칼날을 뜻하는 글자에 마음을 결합한 인(忍)은 '칼날의 아픔을 견디는 마음'이라는 뜻으로 만들어졌다. 그러니까 심장을 찌를 듯이 아픈 감정을 인내하고 견뎌야 한다는 것이 바로 인(忍) 자인 것이다.

좋은 사람이 되려고 참을수록 이런 힘든 감정을 홀로 견뎌야 한다. 그런데 이렇게 힘겹게 하루하루를 지내면 마음에 탈이 생긴다. 마음이 버틸 수 없는 날이 온다. 갑자기 지치고 피곤하다는 생각이 든다. 모든 일에 무기력해진다. 내 인생은 앞으로 엉망진창이 된 것 같아 우울해진다. 갑갑한 현실과 답답한 내 자신이 싫어지기도 한다.

내가 나를 억압하고 통제하며 지내온 만큼 엇나가게 되는 것이다. 내 감정과 행동을 자제하며 지낸 시간만큼 나 자신을 잃고 산 것이라 깨닫는다. 한자 인(忍)의 글자처럼 내 마음에 칼을 꽂은 만큼 아픔이 되돌아오는 법이다.

좋은 사람이 되는 목표를 하루 24시간, 365일 완벽한 사람으로 잡는다. 언제 어디서나 착해야 하고, 친절해야 하고, 또 완벽하게 잘해내야 한다는 생각으로 사는 것이다. 이 생각은 강박적이다. 매순간 매시간이 인내의 연속이고 극기체험이다.

내가 되고 싶은 좋은 사람의 기준이 백점이기 때문이다. 혹은 겉으로 보기에 완벽한 사람을 기준으로 잡아놓고 노력한다. 내가 하는 역할에서 모두 만능인 사람을 꿈꿨다. 멋진 엄마, 멋진 아내, 자랑스러운 딸, 남들이 부러워하는 며느리가 되려 한 것이다. 다른 사람에게 완벽히 보이고 싶다는 욕심에 쉴 틈 없이 노력한 셈이다.

좋은 사람은 어떻게 정해지는 걸까? 연말이 되면 방송엔 기부 소식이 많다. 평생 힘들게 모아둔 전 재산을 기부하는 걸 보면 대단하단 생각이 든다. 일생 동안 자신을 위해서는 10원짜리 하나 허투루 쓰지 않고 남을 돕는 것이다. 타인에 대한 이타심을 놓지 않는 분들을 보면 나와는 다른 사람이란 생각마저 든다.

세상엔 좋은 사람이 많지만 나는 그런 좋은 사람으로 살 수 없을 것 같다. 진정한 행복은 무소유라고 여기며 전 재산을 털어서 남을 도와줄 수는 없을 것 같다. 나는 내가 할 수 있는 선에서 돕는다. 내가 입지 않는 옷이나 사용하지 않는 물건을 기부한다. 배고픈 길고양이의 밥을 챙겨주고 사랑의 저금통 모으기를 빼먹지 않는 것으로 마음을 대신한다. 매번 착한 일을 하며 살진 않는다. 그래도 나는 좋은 일을 한다고 생각한다.

그런데 다른 사람과의 관계에선 좋은 사람이 되려고 애를 썼다. 실수하지 않으려고 애쓰고 도와줄 일을 찾았다. 집에 오면 하나라도 뭘 더 챙겨줄 게 없나 찾아 손에 쥐어줬다. 내가 상대를 먼저 챙겨야 할 것 같은 책임감이 드는 것이다. 잘해줄 게 없나 찾아보고 실수하지 않으려 노력했다. 그래서인지 나에 대해 좋은 사람이란 평가가 많았지만 내 스스로는 부족하다고 여겼다.

다른 사람에게 좋은 모습만 보여주려고 애쓰다 보니 감당하기가 힘겹다. 남에게 보이는 모습만 신경 쓰다 보니 내가 원하는 게 뭔지 모른다는 생각이 든다. 내가 누구인지 어떻게 살아야 할지 방향을 잃는 것이다. 내가 빈껍데기란 생각에 울적하다.

하지만 이제와 내 자신을 들여다보고 챙기기가 겁이 난다. 다른 사람들에게 아무것도 아닌 나를 들킬까 두렵다. 쓸모없는 사람이라 평가받을까 겁이 나는 것이다. 그러면 쓸모 있는 사람이 되라고 스스로 강요한다. 왜냐하면 다른 사람이 원하지 않는 나는 좋은 사람도, 사랑받는 사람도 되지 못할 것 같기 때문이다.

세 아이를 키우다 보면 아이에게 이런 질문을 많이 받는다. "엄마, 엄마는 셋 중에서 누가 가장 좋아? 누가 제일 예뻐?" 아이는 물어보곤 꼭 뒤에 덧붙인다. "다 예쁘다고 하지 말고 한 명만 골라"라고. 나는 그 말을 들으면 아이에게 어떻게 말해야 하나 고민이 된다.

엄마인 내 눈엔 아이 각자 달리 예뻐 보인다. 누구 하나만 선택할 수도 없고, 뒤에서 엄마가 뭐라고 대답할지 보고 있는 다른 아이들의 눈치도 보인다. 나는 귓속말로 "너는 엄마를 생각하는 마음이 예뻐. 그래서 좋아"라고 아이에게 속삭인다. 아이는 "그렇지? 내가 좋지?"라며 신이나 자랑하기에 바쁘다.

그럼 언니의 이야기를 들은 동생은 대번 울상을 지으며 말한다. 내게 와 "엄마, 나는? 나는 안 좋아?"라고 묻는 것이다. 나는 다시 귓속말로 "너는 밝게 웃는 모습이 너무 예뻐"라고 말한다. 그러면 눈물을 닦고 웃으며 "역시 웃는 건 내가 제일이지"라며 콧노래를 부르는 아이를 보게 된다.

세 아이 모두 내게 질문하고 돌아서면 이젠 서로 자기들이 제일 예쁘다고 싸운다. 그리고 다시 와 확인한다. "그래서 셋 중에 누가 가장 예쁜 건데?" 나는 웃으며 너희는 하나하나 다 예쁜 게 다르다고 말해준다. 아이들은 "에이. 엄마는 우리가 다 예쁘대"라고 말하곤 엄마가 이상하다 툴툴거리며 가버린다.

아이는 내가 이상하다고 말했지만 엄마인 나는 그렇다. 아이는 아이 자체로 예쁘다. 인사를 잘하는 것, 밝게 웃는 모습도 밥을 잘 먹는 모습도 내겐 칭찬거리다. 미운 네 살도 지나가면 추억이고, 나를 속상하게 했던 일도 지나가면 다 이야깃거리가 된다. 말을 잘 듣고 공부를 잘해서 예쁜 것이 아니다. 그저 아이가 내 옆에 있어주는 것에 감사하는 것이다. 건강하게 지내는 것도 고맙고 감격스럽다.

이 세상에 태어난 것만으로도 감사하다. 내 아이로 있어주는 것이 고맙다. 세상에 존재하고 있는 것만으로도 충분한 것이다. 사랑받기 위해 태어난 사람인 셈이다. 살아 있다는 그것만으로도 사랑받을 자격이 충분하다. 그래서 소중한 아이와 함께하는 시간만으로도 감사한 마음이 드는 것이다.

아이도 그 자체로 예쁘고 사랑스러운 존재이듯 나도 행복해질 자격이 있다. 완벽해져야 사랑받을 수 있다고 생각하지 말자. 금메달만 의미가 있는 것은 아니다. 은메달과 동메달도 값진 메달이다. 100점만 높은 점수가 아니라 80점, 90점도 높은 점수인 것이다.

인생은 100점짜리 인생이 없다. 좋은 사람인 것도 점수가 매겨지는 것이 아니다. 남에게 좋은 사람으로 보이려고 나 자신을 힘들게 하지 말자. 내가 할 수 있는 선에서만 좋은 사람이면 충분하다. 좋은 일도 더 좋은 일, 덜 좋은 일로 나누지 않는다. 내 손이 닿는 정도의 사람들을 돕는 것도 좋은 일이다.

매일을 완벽하게 좋은 사람이 되려고 애쓰지 말자. 어쩌다 한 번씩 좋은 사람이어도 나는 좋은 사람이다. 나에게 좋은 사람으로 있는 것만으로도 충분하다. 때때로 우리는 좋은 사람이 되어야 한다고 너무 많이 생각한다. 그런데 자신이 좋은 사람이라고 느낄 때는 적다. 내가 좋은 사람이 될 때를 잘 기억해주자.

좋은 사람이라고 느낄 때가 많다면 당신은 이미 좋은 사람이다. 좋은 사람이었던 순간이 연결되어 좋은 사람인 나로 기억되는 것이다. 노력한 당신은 좋은 사람이 되기에 모자람이 없다. 잊지 말자, 좋은 사람인 때가 많은 것으로도 충분하다는 것을. 그리고 514챌린지 영상 속 김미경 강사님의 말을 기억하며 살아가자.

"완벽은 연결되어 만드는 것이다."

사양합니다, 착한 사람이라는 말

내 삶의 주인공은 바로 나!

내 인생은 내 것이 아니다. 엄마의 인생, 아빠의 인생, 직장상사의 인생이었다. 나라는 사람의 껍데기만 있었다. 내 이름만 빌린 다른 사람의 인생이었다. 고삐에 묶인 망아지처럼 다른 사람의 뒤를 졸졸 따라갔다. 의지가 없는 상태로 이끄는 대로 살았다. 냇가에 도착하면 물을 마시고 풀이 있는 언덕을 만나면 먹기만 하면 되었다. 그 삶은 내 의지는 없었지만 편했다. "이게 옳은 것이다. 내가 살아봤어. 이렇게 하면 시행착오도 없어"란 말에 그저 고개를 끄덕이기만 하면 됐다. 타인이 하라는 대로, 원하는 대로 살았다. 어른이 시키는 대로, 기대하는 대로 살았다. 그 결과 나는 내 스스로 생각하는 힘을 잃었다. 무슨 일이 생기면 내가 생각하고 결정하는 일이 맞는지 의심했다. 내 선택이 틀린 선택일까 불안했다. 다른 사람의 기대를 충족하려 애썼다. 나는 다른 사람이 뭘 원하는지 끊임없이 고민하며 살았다. 그 결과 내 삶의 주인은 내가 아니었다. 다른 사람이 내 삶의 주인이었다. 내가 그렇게 만든 것이다.

한국석세스라이프스쿨의 대표이자 《나는 100만 원으로 크루즈여행 간다》의 저자 권동희 대표님이 자주 쓰는 말이 있다. "내가 나를 정의하지 않으면 남이 나를 정의한다"란 말이다. 내 가슴이 시키는 일을 하란 그 말은 내 인생을 어떻게 살아왔는지 돌아보게 한다. 나답게 살아가는 것이 가장 소중하다. 그동안 모르고 지나온 나다운 것이 무엇인지 생각하게 한다.

나는 내가 무엇을 원하는지 생각해보지 않았다. 하고 싶은 일 또한 고민하지 않았다. 고민하는 척했을 뿐이다. 많은 시간을 물에 술탄 듯 술에 물탄 듯 어영부영 살았다. 그리고 그게 잘못된 줄도 몰랐다. 누군가 그것이 잘못되었다고 말해주지 않았다. 착한 사람이고 좋은 사람이라 인정해줬다. 그게 잘 사는 거라고 믿었다.

내 고등학교 동창 중 기억나는 친구가 있다. 반장이다. 고등학교 때 수학여행을 갔다. 언제나 그렇듯 대부분의 학생들은 일탈을 꿈꾼다. 뛰는 선생님들 위에 나는 아이들은 압수에 걸리지 않은 술을 선생님이 숙소에 간 동안 돌려 마셨다. 취한 아이들은 나누어 텐트 안으로 들어가 잠을 잤다. 선생님께 걸리면 안 되기 때문이다. 술에 취한 아이들은 여기저기의 텐트에서 자고 있었다. 나는 그중 가장 냄새가 덜 나는 텐트로 들어갔다. 자기 위해서였다. 나는 취하지 않은 아이 중 하나였다. 특별한 이유는 없었다. 그저 규칙은 지켜야 한다고 배웠기 때문이었다. 취한 아이와 취하지 않은 아이가 섞여 누워 있는 텐트에 반장이 왔다. 취한 아이들의 상태를 보기 위해서였다. 깨어 있는 아이들끼리 이야기가 오갔다. 어른이든 학생이든 취하면 자신의 속내가 드러난다. 우리들의 속내는 미래에 대한 불안이었다. 다들 자기 앞날에 대해 걱정했다. 잘할 수 있을지, 앞으로 어떻게 해야 할지, 막연한 꿈 때문에 모두 미래를 불안해했다.

자신이 뭘 할 수 있을지 걱정하는 아이들 사이에서 반장은 자신의 꿈에 대해 말했다. "나는 지휘자가 되고 싶어"라고. 그리고 덧붙였다. "지휘자가 되려면 악기들을 모두 할 줄 알아야 해. 그건 돈이 아주 많이 드는 일이야"라고. 잠들지 않은 아이들은 반장에게 집 형편은 좋은지, 부모님은 반대하지 않는지 물었다. 반장은 우리를 한 번 쭉 둘러보더니 말했다. "물론 반대하겠지. 형편이 안 좋으니까. 그래도 할 거야. 내 꿈이니까. 내가 하고 싶으니까 어려워도 해야지"라며 말을 끝낸 반장의 눈빛은 반짝거렸다. 어두운 텐트 안이었지만 눈부셨다. 반장은 아이들의 눈을 보며 "너네도 하고 싶은 게 있으면 해. 일단 해봐. 다른 사람이 안 된다고 해도 포기하지는 마"라고 말했다. 꿈으로 빛나던 반장의 모습은 지금도 생생하다. 나는 그 아이라면 지휘자가 되었을 거라고 생각한다. 자신이 원하는 꿈을 향한 의지가 단단했기 때문이다.

나는 반장과 달랐다. 나에겐 특별한 꿈은 없었다. 그저 평범하게 살면 된다고 생각했다. 그런데 어린 나에게는 내가 잊고 있던 꿈이 있었다. 오래 전 초등학교를 졸업할 땐 학급 문고를 만들었다. 기억도 안 나던 그 책 속엔 내 꿈이 있었다. 그때의 고민과 꿈과 생활이 모두 들어 있었다. 내가 오래도록 잊고 있던 기억이다. 아니 없다고 여겼던 추억이다. 학급 문고 안에 반 친구들 모두의 꿈이 있었다. 각자가 어른이 되었을 때 이루고 싶던 꿈이 적혀 있었다. 우연히 다시 본 학급 문고는 신기했다. 생각지도 못한 결과가 적혀 있었기 때문이다. 내 꿈이 내가 이미 이룬 것이었다. 그곳엔 이렇게 쓰여 있었다. '유치원 선생님이 되고 싶어요'라고. 어린 나는 선생님을 꿈꾼 것이다.

나는 믿을 수가 없었다. 이미 이룬 꿈이라니 거짓말처럼 느껴졌다. 나는 그냥 하루하루 시키는 대로 살고 있다고 생각했다. 부모님이 원하는 대로 살았다. 학교에서 하라는 대로 공부했다. 문득 고3 진로상담 때가 생각난다. 담임 선생님이 어리게 들리는 내 목소리에 어울린다고 유아교육과를 추천했다. 나는 유아교육과는 절대 안 간다고 했다. 하지만 결국 부모님의 권유에 가게 되었다. 다니는 내내 마음이 콩밭에 간 상태였다. 뭘 할지 고민했다. 학기 내내 '1학기만 마치고 휴학해야지', '이번 학년만 끝나면 휴학해야지' 생각했다. 고민만 하다 졸업을 했다. 그리고 선생님이 되었다.

내 의지는 없다고 여겼던 일이 알고 보니 어릴 적 꿈이었다니 충격이었다. 내가 의식하지 못했지만 내 무의식은 어릴 적 꿈꾸던 대로 살게 했다. 나는 인지하지 못했지만 원하는 걸 알고 있었나 보다.

어릴 적 꿈을 이룬 걸 안 후로 달라지기 위해 노력했다. 때론 잘 안 되고 때론 제자리걸음이었다. 원래 살던 모습으로 돌아간 적도 있다. 다시 다른 사람의 의견이 중요할 때도 생겼다. 그래도 나는 알고 있었다. 다른 사람에겐 보이지 않는 내 변화 말이다. 아주 작고 소소한 경험들이 쌓였다. 남들 눈엔 띄지도 않는 변화의 시간이 점점 쌓였다.

'그래서 이제는 엄청난 변화를 했다'라고 말하고 싶지만, 그건 거짓말이다. '나는 내 인생을 주도적으로 살고 있다'고 말하고 싶지만, 아직 나는 변하는 중이다. 나만 아는 작은 변화는 진행 중이다. 10점 만점의 1

만큼의 변화가 아니라 0.1씩 소수점 전진 중인 것이다. 나는 여전히 10번 중의 6번은 다른 사람에게 의견을 묻고 결정할 때도 있다. 하지만 변화는 있다. 바로 10번 중 4번은 나에게 묻고 결정한다는 점이다. 그 결정은 메뉴 정하기나 사고 싶은 거 사기, 하고 싶은 일하기 같은 소소한 일이지만 나에게는 변화의 시작이다. "뭐가 좋아? 뭐가 먹고 싶어? 뭐하고 싶어?"와 같은 질문에 "아무거나"라고 대답했던 내 일상의 큰 변화다. 그 변화는 지금도 앞으로도 진행 중일 것이다.

내 변화에는 내 노력도 있지만 변함없이 나를 지지해주는 남편의 공이 크다. 갑자기 자기 의견을 내는 아내를 남편은 비난하지 않았다. 때론 감정이 앞설 때는 기다려주었다. 남편은 내게 "너는 나를 만나서 많이 바뀌었어!"라고 말한다. 가끔은 남편의 잘난 척이 못마땅하다. 그래도 남편의 말은 의심할 필요도 없는 사실이다. 나는 내 노력과 나를 지지해주는 가족의 도움으로 바뀌는 중이다. 이런 사람이 내 옆에 있음에 항상 감사한다.

내 삶의 주인공은 나다. 나는 내 삶의 주인이 될 때까지 기다릴 필요가 없다. 나는 이미 내 인생의 주인공이다. 단지 내 스스로 결정하는 일이 적을 뿐이다. 내 인생은 내 것이라는 사실만 기억한다면 그렇게 살 수 있다. 내 스스로 내 결정을 존중해주고 인정해주면 된다. 내가 결정하는 일이 늘어나게 되면 점점 나는 능숙하게 내 모든 일을 판단할 수 있게 된다. 내가 그렇게 마음먹고 산다면 나를 지지해주는 사람도 만나게 될 것이다. 나를 지지해주는 사람은 나를 주인공으로 살 수 있게 상대주인공이 되어주기도, 조연이 되어주기도 한다. 내 인생이란 드라마의 주인공은 나다. 다른 사람이 주인공이 될 순 없다. 그건 그 사람의 드라마다.

만약 당신을 주인공으로 만들어줄 사람이 당신 옆에 없다 해도 걱정하지 마라. 당신은 당신의 삶을 스스로 응원할 수 있다. 지지해주는 사람이 될 수 있다. 나는 내 삶의 주인공으로 살 자격이 있다. 우리 모두 자신의 삶에서 주인공이 될 충분한 자격이 있다.

영국의 시인 윌리엄 어니스트 헨리(William Ernest Henley)는 이렇게 말했다.

"나는 내 운명의 주인이요, 나는 내 마음의 선장이다."

우리는 세상이라는 파도를 헤쳐 나갈 수 있는 지혜로운 선장이다. 인생이라는 당신의 항해를 항상 응원한다.

사양합니다, 착한 사람이라는 말

제1판 1쇄 | 2022년 6월 29일

지은이 | 김진아
펴낸이 | 오형규
펴낸곳 | 한국경제신문*i*
기획·제작 | ㈜두드림미디어
책임편집 | 우민정   디자인 | 정재은

주소 | 서울특별시 중구 청파로 463
기획출판팀 | 02-333-3577
E-mail | dodreamedia@naver.com(원고 투고 및 출판 관련 문의)
등록 | 제 2-315(1967. 5. 15)

ISBN 978-89-475-4832-8 (03190)

**책 내용에 관한 궁금증은 표지 앞날개에 있는 저자의 이메일이나
저자의 각종 SNS 연락처로 문의해주시길 바랍니다.**